AF451811

BIBLIOGRAPHIE

ET

LITTÉRATURE

Il a été tiré de cet ouvrage

TROIS CENT SOIXANTE-QUINZE EX. :

10 exempl. sur pap. du Japon (A à J).
5 exempl. sur pap. de Chine (K à O).
10 exempl. sur pap. de Hollande (P à Y)
350 exemplaires sur alfa vergé (1 à 350).

———

N° 100

COLLECTION DU BIBLIOPHILE PARISIEN

BIBLIOGRAPHIE

ET

LITTÉRATURE

(TROUVAILLES D'UN BIBLIOPHILE)

PAR

LE Vte DE SPOELBERCH DE LOVENJOUL

PARIS

HENRI DARAGON, LIBRAIRE

30, rue Duperré, 30

—

1903

POÉSIES

DE

THÉOPHILE GAUTIER

MISES EN MUSIQUE

Parmi tous les poètes de ce siècle, trois surtout ont été mis à contribution par les compositeurs. Nous voulons parler de Victor Hugo, d'Alfred de Musset et de Théophile Gautier, dont une certaine quantité de pièces détachées, — d'ailleurs presque toujours les mêmes, — ont été constamment reproduites sous des formes musicales aussi nombreuses que variées.

Toutefois, Théophile Gautier l'emporte encore sur ses deux rivaux, quant au douteux privilège d'avoir inspiré le plus grand nombre de musiciens, dont une véritable légion fut, en effet, attirée par les perles de poésie tombées de sa plume magistrale. Chose très singulière, ce grand styliste, incessamment accusé par les critiques d'être dépourvu, dans ses œuvres, de sentiment et de sensibilité, est pourtant celui d'entre tous les versificateurs contemporains qui produisit le plus de piécettes attendries, renfermant chacune, dans leur cadre restreint, comme une parcelle d'émotion cristallisée. Aussi les compositeurs ne s'y sont-ils pas trompés, et, laissant une fois de plus errer à leur guise les juges routiniers, — qui se répètent éternellement, sans même se donner la peine de contrôler l'exactitude des jugements qu'ils empruntent à une tradition inexacte, — ont-ils compris combien la plupart des *lieds* du maître étaient faits pour éveiller et soutenir leur inspiration.

En conséquence, nous avons pensé qu'il serait intéressant de dresser une sorte de répertoire de toutes les mélodies échappées à tant d'imaginations diverses, sur les ailes d'or de ces rimes si véritablement émues.

C'est à dessein que nous employons le mot : *mélodies*, aujourd'hui rayé du dictionnaire qu'une nouvelle école, aussi dépourvue de toute inspiration *mélodique* que de tout véritable sentiment de la musique de chant, essaie de faire admettre comme le formulaire du *summum* de l'art vocal. Impossible, en effet, de faire traduire les strophes si claires et si nettes de Théophile Gautier, ses stances si lumineuses, si marquées au bon coin de l'esprit français, par les écrasantes sonorités, les mathématiques transcendantes, dont les fruits si secs de l'actuelle arithmétique chantée infligent le supplice à leurs auditeurs.

Ajoutons que les conditions les plus élémentaires, en même temps que les plus essentielles, réclamées par les ouvrages scéniques, sont aujourd'hui méconnues et violées aussi par suite de ce funeste système, qui dénature, parce qu'ils les confond, deux genres et deux espèces de productions tout à fait distinctes : les œuvres théâtrales et les œuvres symphoniques.

Ah ! certes, combien il avait raison, l'harmonieux poète, lorsqu'il s'écriait, prévoyant sans doute cette géométrie notée, le fléau qui sévit maintenant, que la musique est souvent « le plus cher et le plus désagréable de tous les bruits ! » Combien il eût maudit ces ennemis de l'idée musicale, ces incapables de la création mélodique, s'acharnant à détourner l'humanité toute entière d'un des meilleurs dons faits à la terre ! Pour ces persécuteurs de tympans, le chant proprement dit devrait à jamais disparaître ici-bas. A l'art vocal, — un art autrement humain, cependant, que l'informe et creuse cacophonie des froides combinaisons inharmoniques, — à cet art tout de charme, de goût et de délicatesse, devrait succéder, chez les chanteurs, on ne sait quelles brutales poussées de sons violents, incolores, uniformes, sans dessin musical ni rythme, sans rien, enfin, de ce qui procure à l'auditoire une sensation instantanée et presque physique de jouissance artistique.

Au *bel anto*, au chant orné, apanage de tous les grands virtuoses qui illustrèrent jusqu'ici les premières scènes du monde entier, ces énergumènes de la croche voudraient définitivement substituer le règne de la mélopée continue. L'art de traduire les élans de l'âme, les sentiments du cœur, la coquetterie féminine, l'esprit, tout cela poétiquement ou brillamment exprimé par des voix séduisantes et exercées, cet art, le plus charmeur de tous, serait alors supprimé, afin de faire place à une science assez cruellement aride pour donner aux auditeurs la pénible impression d'une extraction, par l'oreille, de la racine carrée! La technique seule régnerait désormais, et remplacerait toute inspiration par de véritables combinaisons algébriques.

Du reste, rien de plus curieux à étudier que l'aspect d'une salle de spectacle où l'on représente l'un ou l'autre *maximum* d'ennui, lorsque, bien entendu, elle est occupée par le vrai public, c'est-à-dire quand les snobs et les *suiveurs*, — races sans opinions ni avis personnels, vouées par instinct à former la queue de tous les cortèges, — quand ces *gobeurs* ont fait place aux auditeurs conscients et de bonne foi. Il faut observer alors quelles déceptions se peignent sur tous les visages, avec quelle rapidité ce lieu, présumé agréable, captivant même, se change en une sorte d'obscure nécropole, de sépulcre embrumé, d'où les victimes s'évadent avec la ferme intention de n'y plus jamais rentrer !

Ces ténèbres éternelles, cette monotonie sans oasis, sont les seules causes du profond discrédit dans lequel, par rapport au plus grand nombre des spectateurs, sont tombés actuellement les théâtres d'opéra et d'opéra-comique, de même qu'elles expliquent le succès, toujours si déplorablement croissant, des cafés-concerts. Lassé de métaphysique et de brouillards impénétrables, depuis trop longtemps répandus à foison, aussi bien dans le poème que dans la musique de la plupart des ouvrages nouveaux, le grand public a fui les lieux où l'on se livre au jeûne mélodique, en même temps qu'aux mortifications vocales.

Et pourtant, dès qu'apparaît une œuvre un peu moins insupportable que ses devancières, la foule, qui ne demande qu'à retrouver ses plaisirs regrettés, se précipite de nouveau vers le temple déserté, et reparaît bien plus nombreuse encore, quand on lui rend les chefs-d'œuvre consacrés qu'elle aime et qu'elle applaudit. Aussi, chiffres en main, constatait-on de nouveau, dernièrement, que si le théâtre de l'Opéra-Comique de Paris n'avait pas eu son inestimable répertoire pour soutien de ses recettes, la faillite, amenée par les lamentables productions nouvelles représentées sur cette scène depuis un certain nombre d'années, l'aurait dès longtemps fait définitivement fermer. Mais il faut reconnaître qu'en ce cas, et comme compensation, leurs auteurs auraient eu le mérite, peu prisé jusqu'ici, d'avoir écrit eux-mêmes la musique destinée à escorter jusqu'à la fosse commune des produits aussi néfastes !

Pour en revenir à Théophile Gautier et à ses poésies accompagnées de musique, nous avons, en les indiquant, fait suivre les titres abusifs, ou même incompréhensibles, que les compositeurs leur ont parfois donnés, de ceux qu'elles portent réellement dans l'édition définitive, en deux volumes, des *Poésies complètes* du

maître, et dans ses *Emaux et Camées*.

Si étendu que soit déjà notre cata-
logue, arrêté au 31 décembre 1901, il ne
saurait pourtant avoir la prétention
d'être absolument complet et sans
lacune. Aussi, recevrons-nous avec
reconnaissance tous renseignements,
accompagnés de preuves, ayant
trait à nos omissions. A notre tour,
nous nous empresserons de les faire
connaître dans un complément de
ce travail. Mais il est bien entendu
que nous n'enregistrons que les
morceaux gravés et publiés.

A cette occasion, nous ferons remarquer que la musique écrite pour
certaines strophes a parfois été
employée deux fois, quoi qu'il s'a-
gisse néanmoins d'une unique pièce
de vers. Ainsi, *la Caravane* et *la
Caravane Humaine*, de M. A. Dorcy,
Attente et *l'Attente*, de M. A. Gouzien,
Barcarolle et *Où voulez-vous aller?*, de
M. Jules Beer, *la Châtelaine* et *Romance*, de M. A. Lionnet, aussi bien
que *le Chasseur* et *l'Enfant de la
Montagne*, de M. E. Pascal, ne sont
en réalité qu'une seule et même
œuvre. Il se pourrait, d'ailleurs, que
quelques-uns de ces spécimens de
double emploi ne fussent que des
erreurs d'annonces, ou d'impression.
Nous ignorons, en outre, si les paroles de *l'Ave Maria* de Schubert,

imprimées dans l'*Appendice* des *Poésies complètes,* — rimes écrites, s'il faut en croire la *Revue de France* d'août 1876, pour être placées sous la version chantée en 1836 par Nourrit et Wartel, — ont jamais été publiées accompagnant la musique de Schubert. Enfin, une pièce de vers de Théophile Gautier : *la Mort, l'apparition et les obsèques du capitaine M...,* publiée en 1864 dans *le Parnasse satyrique du dix-neuvième siècle* (ouvrage clandestin), se chante sur la musique gravée, et jointe à l'ouvrage, d'une *Marche Funèbre* composée par Ernest Reyer pour les obsèques du maréchal Gérard !

Une autre particularité à signaler aussi, c'est le nombre invraisemblable de titres différents donnés fréquemment à une seule et même poésie.

Enfin, un fait nous a singulièrement révolté au cours de nos recherches. C'est l'incroyable abus fait du grand nom du maître, pour lui attribuer, non seulement des vers d'Emile Augier, — littérairement parlant, ceci du moins n'est pas déshonorant, — mais aussi une sorte de paraphrase tout à fait transformée de ses propres rimes, et même une élucubration inouïe, par surcroît vaguement empruntée à des stances de Ponsard (!!), production hors de tout rapport avec la poésie, ou seulement avec la métrique française! Puis, une autre fois, ce sont deux strophes d'*Albertus* que le musicien déchiquette et remanie, et cela sans aucun souci du nombre de pieds des vers qu'il emploie, ainsi dépécés. On trouvera plus loin la preuve de tout cela. N'existe-t-il donc aucun moyen de préserver la mémoire des illustres écrivains français de semblables atteintes? A défaut du respect obligé de leur pensée et de leur œuvre, aucune loi n'interdit-elle, après leur mort, d'imprimer ainsi sous leur nom ce qu'ils n'ont pas écrit, et ce qu'ils n'auraient pu écrire sans disqualifier leur plume et déchoir de leur rang?

1 *Absence.* — MM. L. G. Bellini, H. Berlioz, G. Bizet, P. Combes, A. Coquard, J. Depret, M. Giro, L. Kreutzer, L. Lacombe, C. Lefebvre, John Parrott, E. Pascal, E. Pessard, J. Philipot, A. Renaud, Mme Devéria.

2 *Absence(L').* (*Absence*). --A. Cœdès, P. Puget, H. Reber, G. Sarreau.

3 *Affres de la mort (Les).* — C. Poisot.

4 *Ah! sans amour s'en aller sur la mer!* (*Lamento : la chanson du pêcheur*). — F. Féret, J. Regnaud.

5 *Ai tout donné pour rien (J').* — F. Bazin, L. Kreutzer, F. de la Tombelle.

6 *Allais partir (J')*. — E. Pessard.
7 *Alza! Ola! (Séguidille)*. — P. Henrion.
8 *Alza! Ola! séguidille. (Séguidille)*. — A. Cœdès, Mélesville fils.
9 *Alza, séguidille. (Séguidille)*. — E. Durand.
10 *Amour pour amour. (Gazhel)*. — F. David.
11 *Amour s'en est allé (L')*. (*Albertus*, strophes 55 et 56, mutilées et altérées). — F. d'Azevedo.

Voici ce texte défiguré :

Nous ne nous disions rien et nous avions l'air triste,
Et pourtant, ô mon Dieu, si le bonheur existe
Quelque part ici-bas, nous étions bien heureux !
A quoi bon nous parler ? Sur nos lèvres pressées (1),
Nous arrêtions les mots ; nous savions les pensées,
Nous n'avions qu'un esprit, qu'une seule âme à deux.
Comme emparadisés dans les bras l'un de l'autre,
Nous ne concevions pas d'autre ciel que le nôtre ;
Nos artères, nos cœurs, vibraient à l'unisson.
Dans les ravissements d'une extase profonde,
Nous avions oublié l'existence du monde ;
   Nos yeux étaient notre horizon !

Tout ce bonheur n'est plus. Qui l'aurait dit ? Nous
        [sommes
Des étrangers l'un pour l'autre. Les hommes (!!) (2)

(1) Texte authentique :
— Qu'eût servi de parler ? — Sur nos lèvres
        [pressées...
(2) Idem :
Comme des étrangers l'un pour l'autre. Les
        [hommes...

Sont ainsi ; Leur : toujours, ne passe pas six mois.
L'amour s'en est allé Dieu soit où ! Ma princesse,
Comme un beau papillon qui s'enfuit et ne laisse
Qu'une poussière rouge et bleue au bout des doigts,
Pour ne plus revenir a déployé son aile,
Ne laissant à mon cœur, plus que le sien fidèle,
Que doutes du présent et souvenirs amers !

. . . .
. . . .
. . . .

12 *Attente. (Romance)*. — A. Gouzien, V. Massé, Rety.
13 *Attente(L'). (Romance)*.—A.Cœdès,
A. Gouzien, P.-L. Hillemacher,
A. Le Beau.
14 *Au bord de la mer*. — O. Bouwens
van der Boijen, V. Massé, P.
Puget.
15 *Au cimetière, clair de lune. (Lamento)*. — H. Berlioz.
16 *Au mois d'avril. (Lied)*. — Ar-
mande de Polignac.
17 *Au pays où se fait la guerre.
(Romance)*. — H. Duparc, F.
Kœnig.
18 *Auprès du Saule, méditation. (Clé-
mence)*. — E. Garnier.
19 *Banc (Le). (Le Banc de pierre)*. —
B. Godard.
20 *Banc de pierre (Le)*. — P. de
Choudens, G. Deneubourg, H.
Godard, A. Lafitte, C. Lefebvre,
H. Maréchal, A.-E. Vaucorbeil.
21 *Barcarolle*. — J. Beer, L. G. Bellini, L. Bénédictus, H. Bizalion,

L. Jouret, E. Lépine, V. Massé,
J. Offenbach, T. Radoux, F. Raynal.

22 *Beaux papillons blancs.* (*Les papillons*). — L. Vierne.
23 *Blanche tombe (La).* (*Lamento*). —
Allyre Bureau.
24 *Brise va souffler (La).* (*Barcarolle*).
— E. Durand, E. Gautier.
25 *Caravane (La).* — A. Dorcy, L. de
Vaux.
26 *Caravane humaine (La).* (*La Caravane*). — A. Dorcy, A. Duvernoy.
27 *Carmen.* (*Vieille guitare roman-
tique : Carmen*). — A. Cœdès,
E. Lespinasse.
28 *Carnaval.* (*Variations sur le carnaval de Venise. III. Carnaval*).
— F. Thomé.
29 *Ce n'est pas vous, non, Madame.*
(*Chinoiserie*). — P. Puget.
30 *Chanson à boire.* (*Du Capitaine
Fracasse*). — F. Raynal.
31 *Chanson andalouse.* (*Séguidille*). —
P. Puget.
32 *Chanson bachique, tirée du Capitaine Fracasse.* — A. Lafitte.
33 *Chanson d'adieu.* — Anonyme.
(Editée chez Benoit, en 1875).

N'est point par Théophile Gautier
quoique son nom soit indiqué au
titre. Il s'agit tout simplement de
strophes empruntées à la pièce de
vers de Ponsard : *Adieux*, publiée

pour la première fois le 1er décembre
1869, dans les *Matinées italiennes*. Les
vers employés ici sont, en outre, entièrement défigurés.

Voici, d'ailleurs, le texte authentique et sa parodie :

Par Ponsard

Adieu donc. Moi, je pars ; je vais dans nos vallons ;
Je suis trop villageois pour une capitale ;
J'ai mal étudié la langue des salons,
Sa vivacité froide et sa grâce banale.

Je ne sais pas cacher un sentiment profond,
Ni, quand j'ai le cœur gros, rire du bout des lèvres.
Un mot glacé me tue, un regard me confond,
Un signe mécontent me donne un jour de fièvres.

.   .   .   .

Là, réveillé d'un songe, oublié, j'oublierai,
J'oublierai jusqu'au nom d'un journal ou d'un livre,
Et, s'il se peut, combien on a le cœur navré
D'un moment d'amitié que la froideur doit suivre.

Attribué à Théophile Gautier

Adieu donc ; moi je pars, je vais dans les vallons ;
Je suis trop *villageoise* (!) pour une capitale,
J'ai mal étudié la langue des salons,
Et sa nullité froide et sa grâce banale.

Je ne sais pas cacher un sentiment profond,
Et, quand j'ai le cœur gros, rire du bout des lèvres ;
Un mot glacé me tue ; un regard me confond ;
Un signe mécontent me donne un jour de *fièvre*.

Là, *réveillée* d'un songe, *oubliée*, j'oublierai
            Même le nom de ce qui m'a fait vivre,
Et, s'il se peut, combien on a le cœur *brisé*,
D'un moment d'amitié que tant de haine doit
                                    [suivre (!!)

34 *Chanson d'Avril. (Tristesse)*. — L. Kreutzer.
35 *Chanson de Mai. (Promenade nocturne)*. — G. Gautier.
36 *Chanson de Mai, villanelle. (Villanelle rythmique)*. — C. Bovy-Lysberg.
37 *Chanson de Mars. (Premier sourire du Printemps)*. — B. Godard.
38 *Chanson du pêcheur, lamento (La)*. *(Lamento : la chanson du pêcheur)*. — P. Bertrie, F. David, L. Jouret, Paladilhe, T. Radoux, Vivier, Baronne W. de Rothschild.
39 *Chansonnette. (« J'ai laissé de mon sein de neige »)*. — E. Viault.
40 *Chant d'Exil. (Plaintive Tourterelle)*. — G. Itasse.
41 *Chant du Cygne (Le). (A propos du chant du cygne)*. — Capecelatro.
42 *Chant du Grillon. (N° 1 des Poésies complètes)*. — L. Kreutzer.
43 *Chasseur. (Le Chasseur)*. — P. Blaquière.
44 *Chasseur (Le)*. — L. Baluzzi, E. Doré, P. Henrion, N. Karreu, L. Kreutzer, L. Lacombe, C. Lecocq, E. Pascal, J. Philipot, C. Poisot, E. Viault.
45 *Châtelaine (La). (Romance)*. — E. Garnier, A. Lionnet, F. Raynal.
46 *Chinoiserie*. — C. Devéria, A. Gouzien, A. Jacquin, E. Lassen, E. Lépine, L. de Leymarie, A. Lionnet, J.-B. de Rongé.

47 *Cloches de Noël (Les).* *(Noël).* —
F. A. Gevaert.
48 *Colombe apprivoisée (La).* *(Plaintive Tourterelle).* — A. Flégier.
49 *Colombe messagère (La).* *(Plaintive
Tourterelle).* — Allyre Bureau.
50 *Colombes (Les).* — A. Chérion,
E. Ligonnet.
51 *Colombes, rêverie (Les).* *(Les Colombes).* — L. Abadie.
52 *Coquetterie posthume.* — J. Cres-
sonnois.
53 *Dans un baiser, l'onde au rivage.*
(« Dans un baiser »). — F. Comas.
54 *Déclaration.* — M. Giro.
55 *Demoiselle (La).* — M. Jouan,
P. Puget.
56 *Départ (Le).* — Mario Steller.

Point par Théophile Gautier. Ce
sont les vers connus d'Emile Augier (!!).

57 *Dernier aveu.* *(Dernier vœu).* —
Mme P. Viardot.
58 *Dernière feuille (La).* — G. Bret,
Carayon-Latour, A. de Chou-
dens, G. Collignon, Delphin Bal-
leyguier, J. Depret, Ducarne,
A. François, E. de Hartog, E.
Jacques-Delcroze, L. Jouret, G.
Kéfer, A. Parent, J. Philipot,
R. Vauthier.
59 *Dernier vœu.* — L. Auguin, A.
Cœdès, G. Marty.

60 *Dites, la jeune belle. (Barcarolle).* — F. Bazin, A. Cœdès, P. Henrion, F. Nasini, E. Pessard.
61 *Doña Balbine. (« J'allais partir »).* — G. Gautier, J. Philipot.
62 *Doña Balbine, fantaisie-poésie. (« J'allais partir »).* — T. Radoux.
63 *Echelle d'amour, sérénade (L').* (*L'Echelle d'amour*). — F. Bazin, G. des Roches, G. Fauré, C. Flotard, Mario Foscarina, A. Ruber.
64 *Elégie. (Méditation).* — L. Pister.
65 *Elégie. (Déclaration).* — C. Poisot.
66 *Enfant de la Montagne (L').* (*Le Chasseur*). — T. Labarre, E. Pascal.
67 *Enfant Jésus (L').* (*Noël*). — A. Cœdès.
68 *Esclave (L').* — L.-G. Bellini, E. Berger, A. Cornac, E. de Hartog, E. Lalo, A.-L. Le Pas, J. Massenet, J. Philipot, P. Puget, A. Ruber, E. Viault.
69 *Farfaletta (La),* traduction italienne de Zaffira. (*Les Papillons*). — E. Pessard.
70 *Fil d'or (Le).* (« J'allais partir »). — E. Bourgeois, T. Labarre.
71 *Fleur du Paradis. (Pendant la tempête, prière).* — R. Sézac (Pseudonyme du Vicomte Raymon Decazes).
72 *Fuite (La).* — F. Bazin, G. Bizet,

A. Duvernoy, J. Philipot, P. Puget, E. Viault.

73 *Gazhel.* — J.-T. Brinck, J. O'Kelly, J. Regnaud.

74 *Gazhel, mélodie.* (*Gazhel*). — Mlle G. Darcier.

75 *Gazhel, orientale.* (*Gazhel*). — E. Durand.

76 *Guitares et Mandolines.* (*Rondalla*). — A. Grand.

Il s'agit ici d'une *Valse andalouse* pour piano seul, dont l'épigraphe est tirée de *Rondalla*.

77 *Hélas!* (*Tristesse*). — A. Mutel.

78 *Hippopotame* (*L'*). — Bourgault-Ducoudray.

79 *Ile inconnue* (*L'*). (*Barcarolle*). — H. Berlioz, E. Pascal.

80 *Infidélité.* — R. Hahn, P. Puget.

81 *Jésus des neiges, chant de Noël.* (*Le*). (*Noël*). — J. Baudot.

82 *Lamento.* (*Lamento : la chanson du pêcheur*). — L.-G. Bellini, F. David, A. Dorcy, G. Fauré, A. François, P. Joret, L. Lacombe, C. Lefebvre, A. Lenepveu, P. Puget, J. Regnaud, Mmes A. Salvador, P. Viardot.

83 *Lamento.* — H. Duparc, A. Dorcy, J. Philipot, P[ce] E. de Polignac.

84 *Letrilla.* — O. Bouwens van der Boijen.

85 *Lune* (*La*). (*Le soleil et la lune*). — Chavagnat.

86 *Ma belle amie est morte.* (*Lamento :
la chanson du pêcheur*). — E.
Bruguière, Daussoigne-Méhul, C.
Gounod, J. Offenbach.
87 *Manola, séguidille (La).* (*Séguidille*).
— M. Giro.
88 *Mars et Avril.* (*Premier sourire du
printemps*). — Vte J. de Calonne.
89 *Matelots (Les).* — L.-G. Bellini,
H. Chrétien, A. Duvernoy. G.
Fauré, L. Kreutzer, T. Salomé,
C. Tingry.
90 *Matelots sur la mer (Les).* (*Les
Matelots*). — F. Bazin, Lippmann.
91 *Mélancolie.* (« *Dans un baiser* »).
— L. Kreutzer.
92 *Militona, séguidille.* (*Rondalla*). —
Cte Dunin Jundzill.
93 *Mirage, caprice.* (*Barcarolle*). —
A.-D. Duvivier.
94 *Monde est méchant (Le).* — L.-G.
Bellini, M. Uberti.
95 *Naïade de Versailles (La).* (*Ro-
caille*). — L.-G. Bellini.
96 *Noël.* — P. Bulot, Camille (Mme
Camille Dubois, belle-sœur d'Oc-
tave Feuillet), G. Carraud, A.
Diot, R. Cottier, C. Grisart, Hillemacher, C. Lecocq, G. Lemaire,
V. Massé, G. Meugé, J.-B. de
Rongé, Rougé (?), J. Rousseau,
Schloss, J. Soulacroix, G. Spetz,
J. Vincent.
97 *Noël ! Noël !* (*Noël*). — E. Chase.
98 *Nuage (Le).* — E. Lépine.

99 *Nuit blanche. (Romance)*. — L. Lacombe.

100 *Nuit d'attente. (Romance)*. — Allyre Bureau, L. Kreutzer.

101 *Nuit d'été. (Promenade nocturne)*. — L.-G. Bellini.

102 *Œillet rouge (L')*. (« *J'ai laissé de mon sein de neige* »). — A. Adam-Laussel, G. Pierné, P. Puget.

103 *Ondine (L')*. (*L'Ondine et le pêcheur*). — P. Lacome.

104 *Ondine et le pêcheur (L')*. — F. Bazin, P. de Bréville, R. Cottier, E. Filliaux, V. d'Indy, P. d'Ivry, L. Kreutzer, L. Lacombe, E. Michotte, Vicomte de N***.

105 *Or çà, la belle fille. (« J'ai tout donné pour rien* »). — F. Bazin.

106 *Où voulez-vous aller ? (Barcarolle)*. — Allyre Bureau, J. Beer, C. Gounod, E. Pascal, H. Reber.

107 *Pantoum, chanson. (Les Papillons)*. — L. Jouret.

108 *Pantoum, rêverie orientale. (Les Papillons)*. — C. Bovy Lysberg.

109 *Papillons (Les)*. — A. Adam-Laussel, A. Astruc, E. Berger, J. Bouhy, Bourgault-Ducoudray, E. Bourgeois, Bourlant, O. Bouwens van der Boijen, A. Choudens, J. Depret, V. Dolmetsch, A. Dorcy, G. Flé, Mario Foscarina, A. Fould, G. Gallois, M. Graziani, B. Godard, G. Ké-

fer, Vte de Kervéguen, H. Kovalski, T. Lack, F. de la Tombelle, J. Marsyas, F. Mouttet, Paladilhe, E. Pascal, E. Pessard, J. Philipot, M. Pierson, T. Radoux, A. Renaud, A. de Sinety, Paolo Tosti, Mmes C. de Grandval, B^ne W. de Rothschild.

110 *Papillons blancs. (Les papillons).* — G. Sarreau.

111 *Papillons blancs, rêverie (Les). (Les Papillons).* — G. Carraud, J. Michaëli.

112 *Pastel.* — E. Lassen, H. Maréchal, G. Street.

113 *Paysage.* — A. François.

114 *Pendant l'orage, marine. (Pendant la tempête, prière).* — F. Bazin, Maillot.

115 *Petit Noël. (Noël).* — A. Crevelliez, E. Louis.

116 *Plainte d'une captive. (L'Esclave).* — J. Duprato, C. Levadé.

117 *Plaintive Tourterelle.* — A. Adam-Laussel, H. Bemberg, A. Cœdès, A. Flégier, C. Levadé, P. Porthmann, F. Raynal, M. Uberti, Mlle D. Martin.

118 *Premier sourire du printemps.* — E. Pascal, V.-F. Verrims, Mlle H. de Mertens.

119 *Prière.* — G. Collignon, A. François, H. Rabaud, Paolo Tosti (traduction italienne).

120 *Primavera. (Premier sourire du*

printemps). — E. Pascal, C. Gounod, V. Massé.

121 *Printemps, tu peux venir.* (*Premier sourire du printemps*). — E. Pessard.

122 *Promenade.* (*Infidélité*). — Hillemacher.

123 *Promenade nocturne.* — H. Colard, Mario Foscarina, F. de la Tombelle, C. Lefebvre.

124 *Quand viendra la saison nouvelle.* (*Villanelle rythmique*). — M. Burty.

125 *Rêve d'une rose.* (*Le spectre de la rose*). — F. Raynal.

126 *Rêverie.* (« *Dans un baiser* »). — A. Tramezzani.

127 *Reviens, ma bien aimée.* (*Absence*). — E. Bourgeois, Hillemacher.

128 *Reviens, Reviens !* (*Absence*). — F. David, J. Depret.

129 *Rive inconnue (La).* (*Barcarolle*). — Z. Jaume Saint-Hilaire, H. Reber.

130 *Rôdeurs de Nuit (Les).* — G. Kéfer.

Cette pièce de vers fut écrite d'abord pour servir d'épigraphe à la *Romance sans paroles,* pour *piano,* d'Arthur Kalbrenner, gravée ainsi dans le numéro de la *Gazette des abonnés,* du 20 janvier 1865.

131 *Roi solitaire (Le).* — E. Doré, A.-E. Vaucorbeil.

132 *Romance.* — A. Duvernoy, A.
Lionnet, C. Poisot, F.-M. Sal-
vini, Schloss.
133 *Romance gothique.* (*Romance*). —
P. Lacome.
134 *Rondalla.* — L.-G. Bellini, L.
Bonnel, A. Cœdès, J. Cressson-
nois, A. Dorcy, P. Lacome,
Paladilhe.
135 *Je sais un nid charmant et
tendre.* (*Le nid*). — E. Garnier.

Attribué par erreur à Théophile
Gautier. Vers publiés comme douteux, dans l'appendice du tome deux
de ses *Poésies complètes.* Leur véritable auteur est M. Gabriel Monavon.

136 *Sainte-Marguerite, sonnet* (*La*).
(*A Marguerite*). — H. de la
Haulle.
137 *Saison nouvelle.* (*Villanelle rythmique*). — G. Fragerolle, J.-B.
Wekerlin.
138 *Saison nouvelle* (*La*). (*Villanelle
rythmique*). — Allyre Bureau,
A. Canivet, E. Durand.
139 *Séguidille.* — E. du Rocher, L.
Lacombe, J. Philipot, C. Poisot.
140 *Séguidille* (*La*). (*Séguidille*). —
N. de Séménow.
141 *Sérénade.* — L. Berton, C. Grisart, E. de Hartog, P. d'Ivry,
L. Kreutzer, Cte Koucheleff-
Besborodko, C. Magner, J. Phi-

lipot, V. Roger fils, E. Viault,
Mmes C. Padieu, P. Viardot.

142. *Sérénade du torero. (Rondalla).* —
J. Offenbach.

143 *Sérénade espagnole. (L'Echelle
d'amour).* — E. Weber.

144 *Seule. (« Dans un baiser »).* —
G. Fauré, R. Hahn, A. Tandou.

145 *Soir (Le). (« Dans un baiser »).*
— J. Philipot.

146 *Solitude. (« Dans un baiser »).*
— Mlle Saint-Hilaire.

147 *Solitude (La). (« Dans un baiser »).* — Z. Jaume Saint-
Hilaire.

148 *Sombre Hellespont. (« Dans un
baiser »).* — L. Bénédictus.

149 *Sonnet.* — J. Philipot.

Voici son premier vers :

Lorsque je vous dépeins cet amour sans mélange.

150 *Soupir. (« J'ai laissé de mon sein
de neige »).* — A. Choudens,
Widor.

151 *Soupir du More (Le).* — F. Bazin.

152 *Source (La).* — A. Chapuis.

153 *Sous un balcon, sérénade. (L'E-
chelle d'amour).* — E. Hocmelle.

154 *Spectre de la rose (Le).* — F. Ba-
zin, H. Berlioz, P. Bertrie, H.
Maréchal, A. Mutel, E. Pascal,
E. Pessard, T. Radoux, Mme de
Lowenthal.

1   *Sultan Mahmoud.* — F. David,
      C. Poisot.
156 *Sur la mer.* — Hélène de Bojano.

Cette poésie, attribuée ici à Théophile *Gauthier*, n'est pas de lui. C'est une sorte de paraphrase retournée de sa pièce de vers : « *J'allais partir...* », intitulée parfois aussi : *le Fil d'or.*

Voici d'ailleurs les deux textes :

« J'allais partir »

J'allais partir ; doña Balbine
Se lève et prend à sa bobine
  Un long fil d'or ;
A mon bouton elle le noue,
Et puis me dit, baisant ma joue :
  — Restez encor !

Par l'un des bouts ce fil, trop frêle
Pour retenir un infidèle,
  Tient à mon cœur...
Si vous partez, mon cœur s'arrache :
Un nœud si fort à vous m'attache,
  O mon vainqueur !

— Pourquoi donc prendre à ta bobine
Pour me fixer, doña Balbine,
  Un fil doré ?
A ton lit qu'un cheveu m'enchaîne,
Se brisât-il, sois en certaine,
  Je resterai !

Attribué à Théophile Gauthier

Là-bas, sur la mer, comme l'hirondelle,
Je voudrais m'enfuir et plus loin encore !
Mais j'ai beau vouloir, puisque la cruelle
A lié mon sort avec trois fils d'or.

L'un est son regard, l'autre son sourire,
Le troisième, enfin, est sa lèvre en fleur.
Mais je l'aime trop; c'est un vrai martyre.
Avec trois fils d'or elle a pris mon cœur.

Oh! si je pouvais dénouer ma chaîne,
Adieu pleurs, tourments! Je prendrais l'essor.
Mais non, non! Plutôt mourir à la peine
Que de vous briser, ô mes trois fils d'or!

157 *Sur la mer. (Lamento : la chanson du pêcheur).* — H. Monpou.
158 *Sur la montagne. (Le Chasseur).* — C. Levadé.
159 *Sur le balcon. (L'Echelle d'amour).* — Ad. Botte.
160 *Sur le balcon où tu te penches. (L'Echelle d'amour).* — Vte de Kervéguen.
161 *Sur les lagunes. (Lamento : la chanson du pêcheur).* — H. Berlioz.
162 *Tombe de la rose (La). (Le spectre de la rose).* — L. Kreutzer.
163 *Tombée du jour.* — G. Gautier.
164 *Toréro (Le). (Rondalla).* — C. Poisot.
165 *Tous les deux, villanelle rythmique. (Villanelle rythmique).* — F. Raynal.
166 *Tristesse.* — F. Bonoldi, Bourgault-Ducoudray, Capecelatro, A. Cœdès, G. Collignon, G. Fauré, E. Garnier, G. Herloz, P. d'Ivry, G. Kéfer, P. Raynal, Mme P. Viardot.

167 *Tristesse de l'odalisque.* (« *Dans un baiser* »). — **F.** David.
168 *Tristesse, lamento.* (*Tristesse*). — A. Flégier.
169 *Veillée de la dame* (*La*). (*Romance*). — E. Michotte.
170 *Véritable Manola* (*La*). (*Séguidille*). — E. Bourgeois.
171 *Vieux de la vieille.* — L.-M. Dessus.
172 *Villanella.* (*Villanelle rythmique*). — J. Baudot, X. Boisselot.
173 *Villanelle.* (*Villanelle rythmique*). — J. Archambaud, L. Bénédictus, H. Berlioz, H. Bizalion, G. Costa, J. Duprato, L. Durand, E. Gautier, L. Gouin, Vte de Kervéguen, L. Lacombe, C. Lefebvre, V. Loret, E. Louis, E. Pascal, H. Reber, G. Sizes, R. Toinet, E. Van Buggenhoudt, P. Vidal, Mmes J. Bernard, P. Viardot.
174 *Villanelle rythmique.* — G. Charton, A. Cœdès, L. Durand, E. Garnier, T. Radoux, J. de Rin, C. Poisot.

1899-1902.

PROSPER MÉRIMÉE

de l'Académie Française

SES ŒUVRES COMPLÈTES

*Inscrites dans leur ordre chronologique
de publication* (¹).

(¹) L'astérisque placé *avant le titre*, indique
que l'œuvre est réimprimée dans les volumes
de Prosper Mérimée publiés en format in-12,
dont nous donnons la liste à la suite de ce
travail. Les numéros placés *après le titre*, se
rapportent à ceux de cette liste.

Tout ce qui n'est accompagné ici ni d'astérisque ni de numéro, n'existe donc qu'en
volumes format in-8, ou n'a jamais été réimprimé dans les œuvres de l'auteur.

1824

La Bataille. *Prosper Mérimée,* par
M. Maurice Tourneux, 5ᵉ livraison
de *l'Age du Romantisme*, 1888.

1825

* **Théâtre de Clara Gazul** (nᵒ 1),
1 vol., 1825, 1830. Contient :

LES ESPAGNOLS EN DANEMARK.
UNE FEMME EST UN DIABLE.
L'AMOUR AFRICAIN.
INÈS MENDO, OU LE PRÉJUGÉ
  VAINCU.
INÈS MENDO, OU LE TRIOMPHE
  DU PRÉJUGÉ.
LE CIEL ET L'ENFER.

> 1 vol., 1825.

L'OCCASION. *Revue de Paris,*
  novembre 1829.
LE CARROSSE DU SAINT-SACRE-
  MENT. *Revue de Paris,* juin
  1829.

> Ajouté à la 2ᵉ éd. 1830.

1826

**A propos de : « Don Qui-
chotte. »** *Prospectus* anonyme de la traduction de
Filleau de St-Martin (¹).
* **Cervantès** (n° 19). *Préface*
de cette traduction, 6 vol.,
in-8.

Janvier 1826.

1827

* **La Guzla** (n° 2). 1 vol., août 1827.
Augmenté d'une préface datée de
1840, et en 1842, de cinq morceaux, dont les trois premiers
avaient reparu d'abord en 1833,
dans la 1re édition de : *Mosaïque.*

> * Le Fusil enchanté (n° 2). *Revue de Paris*, octobre 1829.
> * Le Ban de Croatie (n° 2). *Revue de Paris*, décembre 1829.
> * L'Heiduque mourant (n° 2). *Revue de Paris*, décembre 1829.
> * La Jeune fille aux enfers (n° 2). Ajouté en note, en 1842, à l'*Heiduque mourant.*
> * Milosch Kobilitch (n° 2).

1828

* **La Jacquerie,** scènes
féodales (n° 3).
* **La famille de Carva-
jal,** drame (n° 3).

1 vol., juin 1828.

(¹) Ce rarissime *prospectus* a été réimprimé
dans la *Vie Littéraire* du 13 juillet 1876.

1829

Quinze cent soixante-douze ; Chronique du règne de Charles IX (no 4). 1 vol. Paru en mars 1829.

* **Matéo Falcone** (no 5). *Revue de Paris*, mai 1829.

* **Vision de Charles XI** (no 5). *Revue de Paris*, juillet 1829.

* **L'Enlèvement de la redoute** (no 5). *Revue française*, no 11, septembre-octobre 1829.

* **Tamango** (no 5). *Revue de Paris*, octobre 1829.

* **Federigo** (no 17). *Revue de Paris*, novembre 1829.

* **La Perle de Tolède** (no 5). *Revue de Paris*, décembre 1829.

1830

* **Le Vase étrusque** (no 5). *Revue de Paris*, janvier 1830.

Mémoires de lord Byron, publiés par Th. Moore, traduits par Mme **Belloc.** *Le National*, 7 mars 1830 ([1]).

* **Les Mécontents**, proverbe (no 5). *Revue de Paris*, mars 1830.

* **La Partie de trictrac** (no 5). *Revue de Paris*, juin 1830.

([1]) C'est à cet article, et à celui du 3 juin suivant, que Gustave Planche fait allusion, sans aucune indication de titre ni d'origine, dans son étude sur Mérimée, publiée dans la *Revue des Deux Mondes* en 1832, et réimprimée ensuite dans les *Portraits littéraires* de l'auteur.

Réclamations contre les Mémoires de lord Byron, publiés par Th. Moore. *Le National,* 3 juin 1830.

* **Lettres adressées d'Espagne au directeur de la « Revue de Paris » :**

> I. LES COMBATS DE TAUREAUX (n° 5). *Revue de Paris,* janvier 1831. Note de 1842. Daté de Madrid, 25 octobre 1830.
>
> II. UNE EXÉCUTION (n° 5). *Revue de Paris,* mars 1831. Daté de Valence, 15 novembre 1830.
>
> III. LES SORCIÈRES ESPAGNOLES (n° 17). *Revue de Paris,* décembre 1833. Daté de Valence, novembre 1830.
>
> IV. LES VOLEURS (n° 5). *Revue de Paris,* août 1832. Note de 1842. Daté de Madrid, novembre 1830.

1831

Le Musée de Madrid. *L'Artiste,* mars 1831.

1833

* **Victor Jacquemont** (n° 19). *Revue de Paris,* mai 1833.

* **La Double Méprise** (n° 6). 1 vol. Paru en septembre 1833.

1834

* **Les âmes du Purgatoire** (n° 7). *Revue des Deux Mondes,* 15 août 1834.

1835

* **Henri de Guise, 1550-1558** (no 19). *Le Plutarque Français*, t. IV. Paru en janvier 1835.

Notes d'un voyage dans le Midi de la France. 1 vol. Paru en juillet 1835.

1836

Notes d'un voyage dans l'Ouest de la France. 1 vol. Paru en octobre 1836. Contient :
NOTE SUR UN MONUMENT DE L'ILE DE GAVR'INNIS, broch. in-4, 1836.

Embellissements de Paris ; la place de la Concorde. *Revue de Paris,* octobre 1836.

1837

* **Essai sur l'Architecture religieuse, etc.** (no 20). *Annuaire historique pour l'année 1838, publié par la Société de l'Histoire de France. 1837.* Daté de mai 1837.

* **La Vénus d'Ille** (no 7). *Revue des Deux Mondes,* 15 mai 1837.

1838

Notes d'un voyage en Auvergne. 1 vol. Paru en octobre 1838.

1839

Monuments militaires des Gaulois, des Grecs et des Romains. *Instructions du Comité des Monu-*

ments historiques. Broch. Paru en
mars 1839.

Salon de 1839. *Revue des Deux-
Mondes,* 1er et 15 avril 1839.

**Lettre au directeur du Journal
de l'Instruction publique.** (Article relatif au recueil des inscriptions romaines existant en France).
Journal de l'Instruction publique,
12 avril 1839.

**Rapport sur le Palais des Papes
à Avignon.** Lu le 8 août 1839.

1840

Notes d'un voyage en Corse. 1 vol.
Paru en avril 1840.

Rapport au Ministre. Broch. Lu le
20 mai 1840.

Service des correspondants.
(Adressé au Ministre). Daté du
25 mai 1840.

* **Colomba** (n° 7). *Revue des Deux-
Mondes,* 1er juillet 1840.

1841

* **Constantinople en 1403** (n° 20).
*Revue générale de l'architecture et
des travaux publics,* n° d'avril 1841.

Études sur l'histoire romaine.
2 vol. 1844. Contient :

<table>
<tr><td>* T. I. La Guerre so-
    ciale (n° 8).
Appendice : Sur les
    médailles italio-
    tes.</td><td>1 vol., 1841.
Paru
en mai.</td></tr>
</table>

ˑT. II. Conjuration de Catilina
(nᵒ 8). 1 vol. Paru en mars 1844.

**Edifices de Rome moderne, par
P. Letarouilly**. *Revue des Deux
Mondes*, 1ᵉʳ septembre 1841.

1842

**Monuments helléniques; lettre
au directeur**. *Revue générale de
l'architecture et des travaux publics*,
novembre 1842.

Rapport au ministre. Broch. Lu le
24 novembre 1842.

1843

***L'Architecture au Moyen âge** (nᵒ 20).	*Instructions du Comité des monuments historiques*. Broch. Paru en août 1843. *Le Moyen-âge et la Renaissance*, t. V, 1851.

1844

* **Arsène Guillot** (nᵒ 9). *Revue des
Deux Mondes*, 15 mars 1844.

Inscriptions romaines de Baena.
Revue archéologigue, juin 1844.

**De l'Architecture en France au
XIX**ᵉ **siècle**. *Le Constitutionnel*,
4 juin 1844.

**Un bas-relief du musée de Stras-
bourg**. *Revue archéologique*, juillet 1844.

**Nouvelles observations sur l'âge
du porche de N.-D. des Domns**.

Revue archéologique, novembre 1844.

Tombeau de l'amiral Dumont d'Urville. *Le Constitutionnel*, 12 novembre 1844.

1845

Rapport sur l'amphithéâtre d'Arles. Lu le 27 janvier 1845.

Sur un fragment d'une des statues du Parthénon. *Le Constitutionnel*, 29 janvier 1845.

' **Discours de réception à l'Académie française** (nᵒ 19). Broch. Prononcé le 6 février 1845.

Le sens du mot : signa inferre. *Revue archéologique*, mai 1845.

' **Carmen** (nᵒ 9). *Revue des Deux Mondes*, 1ᵉʳ octobre 1845.

' **L'Église de Saint-Savin et ses peintures murales** (nᵒ 20). 1 vol. Paru en décembre 1845.

1846

Histoire de la poésie Provençale, par M. Fauriel. *Le Constitutionnel*, 17 février 1846.

* **L'Abbé Aubain** (nᵒ 9). *Le Constitutionnel*, 24 février 1846.

Notice sur un tombeau du Moyen âge, au musée de Niort. *Revue archéologique*, avril 1846.

' **Il Viccolo di Madama Lucrezia** (nᵒ 17). Posthume. Daté du 27 avril

1846. Dans *Dernières Nouvelles.* 1 vol, 1873.

Rapport au ministre. Lu le 15 mai 1846.

Premier rapport sur Notre-Dame de Laon. Lu le 27 juin 1846.

Les Gentilshommes de lettres. *Figaro*, 10 novembre 1870. Posthume. Daté de 1846.

Notice sur une statuette de la Bibliothèque Nationale de Madrid. *Revue archéologique*, juillet 1846.

Les Murailles de Sainte-Suzanne (Mayenne). *Mémoires de la Société des Antiquaires*, décembre 1846.

1847

Le Palais Mazarin, par le comte Léon de Laborde. *Revue des Deux Mondes*, 1er mars 1847.

Statue d'Hercule découverte à Dénia. *Revue archéologique*, mars 1847.

* **De l'Histoire ancienne de la Grèce. I. Les Temps héroïques** (n° 14). *Revue des Deux Mondes*, 1er avril 1847.

Vezelay. *Histoire des villes de France*, t. V. Paru en mars ou avril 1847.

1848

* **Histoire de Don Pédre Ier, roi de Castille** (n° 10). *Revue des Deux*

Mondes, 1er décembre 1847 - 1er février 1848.

Etudes sur les Beaux-Arts :

I. DES RÉFORMES A INTRODUIRE DANS LA CLASSIFICATION DE NOS COLLECTIONS NATIONALES. *Le Constitutionnel*, 5, 12 mars 1848.

II. LES NOUVELLES MONNAIES DE LA RÉPUBLIQUE. *Le Constitutionnel*, 30 mars 1848.

III. L'ARCHITECTURE. *Le Constitutionnel*, 22 avril 1848.

Restauration de la cathédrale de Laon. *Revue archéologique*, avril 1848.

* **De l'enseignement des Beaux-Arts ; l'Ecole de Paris et l'Académie de Rome** (n° 14). *Revue des Deux Mondes*, 15 mai 1848.

* **Réponse au discours de réception à l'Académie de J.-J. Ampère** (n° 19). Broch. Prononcé le 18 mai 1848.

* **De l'Histoire ancienne de la Grèce. II. La constitution de Solon** (n° 14). *Revue des Deux Mondes*, 1er août 1848.

Restauration de Saint-Denis. *Revue archéologique*, octobre 1848.

Les Arts en Espagne, par M. Stirling. *Revue des Deux Mondes*, 15 novembre 1848.

Rapport au ministre. Dans l'*Annuaire des Artistes*, 1 vol., 1861. Ecrit en 1848.

1849

Le Pont de Tolède, à Madrid. Anonyme. *Magasin pittoresque*, p. 8, janvier 1849.

* **Restauration du Musée** (n⁰ 14). *Revue des Deux Mondes*, 1ᵉʳ mars 1849.

Eglise de Germiny (Loiret). *Revue générale de l'Architecture et des travaux publics*, avril 1849.

Eglise de Saint-Thibault (Côte-d'Or). Anonyme. *Magasin pittoresque*, p. 145, mai 1849.

* **De l'Histoire ancienne de la Grèce. III. La guerre Médique. La guerre du Péloponèse** (n⁰ 14). *Revue des Deux Mondes*, 1ᵉʳ juin 1849.

Bombardes à main. Anonyme. *Magasin pittoresque*, p. 228, juillet 1849.

Examen d'une dissertation de M. Delgado. *Revue archéologique*, juillet 1849.

Rapport sur l'église de Châteauneuf. Lu le 6 juillet 1849.

* **La Dame de Pique,** traduit de Pouchkine (n⁰ 11). *Revue des Deux Mondes*, 15 juillet 1849.

Epigraphie du Moyen âge. *Bulletin des Comités historiques.* Lu le 23 juillet 1849.

Rapport sur l'isolement de la Sainte - Chapelle. *Bulletin des*

Comités historiques. Lu le 28 août
1849.

**Statuette d'argent trouvée à
Tintignac (Corrèze).** *Revue archéologique,* décembre 1849.

1850

**Note sur l'exemption du poin-
çonnage.** *Bulletin des Comités
historiques.* Daté du 28 janvier
1850.

**Instructions données à M. Emile
Angers.** *Mémoires de l'Institut de
France,* t. XVIII, première partie.
Lues le 8 février 1850.

**Notes sur un missel du quinzième
siècle. — (Préface).** *Mélanges de
littérature et d'histoire, recueillis et
publiés par la société des biblio-
philes françois.* Petit in-8, imprimerie Crapelet, à Paris, p. 323.
Volume inscrit sous le n° 2656 de la
Bibliographie de la France du
11 mars 1850.

**Deuxième rapport sur N.-D. de
Laon.** Lu le 3 mai 1850.

* **De l'Histoire ancienne de la
Grèce. IV. La lutte d'Athènes
et de Sparte. Le procès de
Socrate** (n° 14). *Revue des Deux-
Mondes,* 15 mai 1850.

* **Les deux Héritages, ou Don
Quichotte,** scènes (n° 13). *Revue
des Deux Mondes,* 1er juillet 1850.

Rapport au Ministre. Broch. Lu le 19 juillet 1850.

Les quatre Arts libéraux ; peintures à l'église du Puy. *Le Moniteur*, 18 octobre 1850. La *Revue archéologique* du 15 novembre suivant a réimprimé ce rapport, et sa version est plus complète. Daté du 27 septembre 1850.

* **H. B. (Henri Beyle)** (no 19). Brochure anonyme. Paru en octobre 1850. Cette célèbre brochure a reparu presque toute entière dans les *Portraits historiques et littéraires* de l'auteur.

Deuxième rapport sur le Palais des Papes à Avignon. Lu le 3 octobre 1850.

* **Vie de César Auguste, fragment de Nicolas de Damas** (no 14). *Le Constitutionnel*, 25 novembre 1850.

1851

Plaque de marbre gravée du musée de Narbonne. *Revue archéologique*, janvier 1851.

* **Théodore Leclercq** (no 19). *Revue des Deux Mondes*, 1er mars 1851.

* **De la Littérature espagnole** (no 14). *Revue des Deux Mondes*, 15 avril 1851.

Notice de M. Léouzon Leduc sur les Tchouds. *Mémoires de l'Institut de France*, t. XVIII, première partie. Lu le 16 mai 1851.

L'Architecture du Vᵉ au XVIᵉ siècle, par J. Gailhabaud. *Le Constitutionnel*, 12 juin 1851.

* **Alexis de Valon** (nᵒ 19). *Revue des Deux Mondes*, 1ᵉʳ septembre 1851. Une lettre à M. Boissonnade, écrite le 22 novembre 1851 et imprimée en 1900 dans le volume des *Lettres inédites* de Mérimée, publié par M. Chambon, fait connaître qu'il existe un tirage à part de cette notice sur Alexis de Valon.

De la Peinture murale, etc. *Revue générale de l'architecture et des travaux publics*, septembre-octobre 1851.

* **Nicolas Gogol** (nᵒ 11). *Revue des Deux Mondes*, 15 novembre 1851.

1852

Mémoires contemporains, etc., par M. Oustrialof. *Journal des Savants*, février-mars 1852.

Armand Marrast. *Figaro*, 10 novembre 1870. Posthume. Daté de mars 1852.

Les Procès de M. Libri, avec une lettre publiée dans le *Journal des Débats*, du 27 avril. *Revue des Deux Mondes*, 15 avril, 1ᵉʳ mai 1852.

* **Les Bohémiens** (nᵒ 11).
* **Le Hussard** (nᵒ 11). } Traduit de Pouchkine, dans : *Nouvelles*, 1 vol. Paru en mai 1852.

* **De l'Histoire ancienne de la Grèce. V. La Retraite des Dix Mille** (n° 14). *Revue des Deux Mondes,* 15 mai 1852.

Recherches sur les étoffes de soie, etc., par Francisque Michel. *Revue des Deux Mondes,* 15 juillet 1852.

* **Les Romains sous l'Empire, par Mérivale** (n° 14). *Revue contemporaine,* 15 juillet 1852.

Des monuments dits celtiques ou druidiques. *L'Athæneum français,* 11 septembre 1852.

Etudes sur la Russie, par A. de Haxthausen. *Le Moniteur,* 30 octobre 1852.

Sur le : Voyage en Chine, de M. Lavollée. *Le Moniteur,* 26 novembre 1852.

Note sur les estampages. *Bulletin du Comité de la Langue.* Tome premier, page 34. (Séance du Comité des travaux historiques du 20 novembre 1852).

* **Episode de l'Histoire de Russie : Les faux Démétrius** (n° 12). 1 vol. Daté 1853, paru en décembre 1852.

* **Les Débuts d'un aventurier, scènes** (n° 13). *Revue des Deux Mondes,* 15 décembre 1852.

1853

Des monuments de la France. *Le Moniteur,* 1er janvier 1853.

Voyage aux villes maudites, par Edouard Delessert. *Le Moniteur*, 19 janvier 1853.

Mémoires de Villebois. *L'Athæneum français*, 29 janvier 1853.

* **Les Mormons** (n⁰ 14). *Le Moniteur*, 25, 26, 31 mars, 1ᵉʳ avril 1853.

De la Céramique. *Revue des Deux Mondes*, 1ᵉʳ avril 1853.

Sur les Antiquités prétendues celtiques. *Le Moniteur*, 14 avril 1853.

Rapport sur une communication de M. Dovals aîné relative à un vase cinéraire trouvé à Toulouse. *Bulletin du Comité de la Langue*. Tome premier, page 193. (Séance du Comité des travaux historiques du 25 avril 1853).

Salon de 1853. *Le Moniteur*, 16-17 mai, 5 juin, 8 juillet 1853.

* **L'Inspecteur général, comédie, traduite de Gogol** (n⁰ 13). 1 vol., avec *les Deux Héritages*. Paru en juillet 1853.

Voyage autour de la mer Morte, par M. de Saulcy. *Le Moniteur*, 31 août 1853.

* **Mémoires d'une famille huguenote** (n⁰ 14). *Revue des Deux Mondes*, 1ᵉʳ septembre 1853.

Page d'Album. *Figaro*, 10 novembre 1870. Posthume. Daté de 1853.

1854

* **L'Hôtel de Cluny** (nº 14). *Le Moniteur*, 3 février 1854.

* **Inventaire des joyaux de Louis, duc d'Anjou** (nº 14). *Le Moniteur*, 22 février 1854.

Les Sleeb. *Le Moniteur*, 11 mars 1854.

* **Le Retable de Bâle** (nº 14). *Le Moniteur*, 20 juin 1854.

* **Les Cosaques de l'Ukraine et leurs derniers Atamans** (nº 14). *Le Moniteur*, 21, 22, 23 juin 1854.

La Littérature et le Servage en Russie. *Revue des Deux Mondes*, 1er juillet 1854.

Discours prononcé à Caen. 31 juillet 1854. *Mémoires de la Société des antiquaires de Normandie*, t. XX, page LI, 1854-1855. Fascicule de janvier 1855.

Architecture et Sculpture peintes au palais de Sydenham. *Le Moniteur*, 2 septembre 1854.

Dictionnaire raisonné de l'architecture, par Viollet-le-Duc, t. I. Broch. *Le Moniteur*, 30 décembre 1854 et 3 janvier 1855.

De l'Origine des Albanais. *Revue contemporaine*, 31 décembre 1854.

1855

Notes pour l'Estat de l'Empire de Rvssie et grande dvché de Moscovie, par le capitaine Margeret. Edition d'Henri Chevreul, 1 vol. Paru en janvier 1855. Voir page XXI de la préface.

Contes et Poèmes de la Grèce moderne, par Marino Vreto. Préface du volume; datée de janvier 1855.

· Sur un tombeau découvert à Tarragone (n° 14). Dans *Mélanges historiques et littéraires*, 1 vol. Paru en janvier 1855.

· Notes et Souvenirs sur Stendhal (n° 19). Préface de la *Correspondance*, de Stendhal, 2 vol. Parus en mars 1855.

Louis David, par Delécluze. *Le Moniteur*, 26 mars 1855.

Athènes, par le comte Léon de Laborde. *Le Moniteur*, 2 avril 1855.

Un Faux Dauphin en Amérique. *Revue des Deux Mondes*, 1er mai 1855.

Poésies et Nouvelles, par Mme d'Arbouville. *Le Moniteur*, 26 juin 1855.

Instructions pour le voyage de M. Brasseur de Bourbourg. *Mémoires de l'Institut de France*, t. XX, première partie. Lu le 29 juin 1855.

Les Aventures du baron de Fœneste, par Agrippa d'Aubigné. Préface du volume. Paru en juillet 1855.

* **Alexandre du Sommerard** (nᵒ 19).
Biographie Michaud, t. XII. Paru
en août 1855.

**L'Espagne moderne, par Charles
de Mazade.** *Revue des Deux
Mondes,* 15 octobre 1855.

Des mythes primitifs. *Revue
contemporaine,* 15 octobre 1855.

1856

**Ballades et Chants populaires de
la Roumanie, traduction Ale-
xandri.** *Le Moniteur,* 17 janvier
1856.

* **Le coup de Pistolet, traduit de
Pouchkine** (nᵒ 17). *Le Moniteur,*
21 mars 1856.

Monuments historiques. *Dictionnaire de l'administration*, par M.
Block. Livraison parue en avril
1856.

**Dictionnaire raisonné de l'archi-
tecture, par Viollet-le-Duc, t. II.**
Le Moniteur, 30 mai 1856.

**Baptême du Prince Impérial :
Décoration de Notre-Dame.** *Le
Moniteur,* 13 juin 1856.

**De l'Histoire ancienne de la Grèce.
VI. La fin de l'autonomie grec-
que. Philippe et Alexandre.**
Revue des Deux Mondes, 15 juillet
1856.

* **Froissart** (nᵒ 19). *Mémoires de
l'Institut de France*, t. XX, première
partie. Discours prononcé au nom

de l'Académie française, à Valenciennes, le 21 septembre 1856.

1857

Exposition de Manchester. *Le Moniteur*, 9 juillet 1857. Daté du 27 juin 1857.

Nouvelle salle de lecture au British Museum. *Le Moniteur*, 26 août 1857.

Les Beaux-Arts en Angleterre. *Revue des Deux Mondes*, 15 octobre 1857.

1858

Rapport sur la Correspondance de Napoléon Ier. (Préface de l'édition in-4). Daté du 20 janvier 1858.

Rapport sur les modifications de la Bibliothèque Impériale. Broch., in-4, 34 pages, sans titre. *Le Moniteur*, 20 juillet 1858. Daté du 27 mars 1858.

* **Branthôme** (no 19). *Préface* du tome I des œuvres de Branthôme. Paru en septembre 1858.

* **Album de Villard de Honnecourt** (no 20). *Le Moniteur*, 20 décembre 1858.

1859

Dictionnaire raisonné du mobilier français, par Viollet-le-Duc. Broch. *Le Moniteur*, 14 février 1859.

Philippe II et Don Carlos. *Revue des Deux Mondes*, 1ᵉʳ avril 1859.

Les Marbres d'Halicarnasse. *Gazette des Beaux-Arts*, 15 juin 1859.

A propos de la nouvelle vente Libri. *Le Moniteur*, 1ᵉʳ août 1859.

Le Conservatoire des arts et métiers. *Paris dans sa splendeur.* Livraison parue en 1859.

1860

* **Charles Lenormant** (nᵒ 19). *Le Moniteur*, 1ᵉʳ janvier 1860.

Dictionnaire raisonné de l'architecture, par **Viollet-le-Duc,** t. **IV.** *Le Moniteur*, 15 mars 1860.

Note sur l'Amentum, d'après un vase du British Museum. *Revue archéologique*, septembre 1860.

Rapport sur les échanges entre les Bibliothèques. Broch., petit in-4, 12 pages et couverture. *Le Moniteur*, 30 décembre 1860. Daté du 10 juillet 1860.

1861

Discours au Sénat sur les encouragements à donner aux arts. *Le Moniteur*, 5 mars 1861.

* **Les Couronnes du Musée de Cluny** (nᵒ 20). *Le Moniteur*, 27 mars 1861.

Discours au Sénat sur la pétition de Mᵐᵉ Libri. *Le Moniteur*, 11 juin 1861.

* **Les Cosaques d'autrefois : Sten-
ka Razine** (nᵒ 15). Broch. Tirage
à part. *Journal des Savants*, juillet
1861.

1862

**Des applications de l'art à l'in-
dustrie, à l'exposition de Londres. Ameublement et décoration à l'exposition de Londres.**
Rapport sur l'Exposition. Daté
du 11 juin 1862. *Rapports du Jury
à Londres*, 6 vol. in-8, chez Chaix.
Tome VI. page 245.

1863

* **Les Cosaques d'autrefois : Bog-
dan Chmielnicki** (nᵒ 15). *Journal
des Savants*, janvier-juillet 1863.
**Préface de : Pères et enfants, par
I. Tourgueneff.** 1 vol. Paru en
mai 1863.
* **Edward Ellice** (nᵒ 19). *Revue des
Deux Mondes*, 15 octobre 1863.

1864

**Fragments de la préface, et de
la Dédicace de : Persilès et Si-
gismonde, roman posthume
de Cervantès.** (Traduction). *Le
Constitutionnel*, 23 mai 1864. —
Imprimés dans un des articles de
Sainte-Beuve sur Cervantès, réunis
aujourd'hui dans le tome huit de
ses *Nouveaux Lundis*.

Peintures murales à Londres.
Revue des Deux Mondes, 1er septembre 1864.

**Histoire du règne de Pierre le
Grand. I. Procès du Tsarévitch
Alexis.** Broch. Tirage à part.
Journal des Savants, septembre
1864. — Février 1865.

1865

Discours au Sénat, et lecture du
**rapport sur les instruments de
musique mécaniques.** *Le Moniteur*, 8 juillet 1865.

**Histoire de Jules César, par
Napoléon III, t. I.** *Journal des
Savants*, septembre 1865.

1866

**Discours au Sénat sur les instru-
ments de musique mécaniques.**
Le Moniteur, 9 mai 1866.

* **Apparitions, traduit de Tourgueneff** (n° 16). *Revue des Deux
Mondes*, 15 juin 1866.

**Histoire de Jules César, par
Napoléon III. t. II.** *Journal des
Savants*, juillet 1866.

* **La Chambre Bleue** (n° 17). *L'In-
dépendance belge*, 6, 7 septembre
1871. Posthume. Daté de septembre
1866.

1867

Correspondance complète de Mme

du Deffand. *Le Moniteur*, 29 avril 1867.

Les Commentaires de César, édition Dübner. *Le Moniteur*, 17 juin 1867.

Histoire du règne de Pierre le Grand. II. La jeunesse de Pierre le Grand. *Journal des Savants*, juin 1867 - février 1868.

Le Victorial. *Le Moniteur*, 9 septembre 1867.

· **Préface à la Nouvelle Correspondance de Victor Jacquemont (n° 19). 2 vol.** Datée du 20 octobre 1867.

Poliorcétique des Grecs. *Le Moniteur*, 9 novembre 1867.

1868

· **Alexandre Pouchkine (n° 19).** *Le Moniteur*, 20, 27 janvier 1868.

· **Ivan Tourgueneff (n° 19).** *Le Moniteur*, 25 mai 1868.

1869

Journal de Samuel Pepys. *Le Moniteur*, 12, 13 janvier 1869.

· **Le Juif,** · **Petouchkof,** · **Le Chien,** Traduit de Tourgueneff (n° 16). *Nouvelles Moscovites*, par Tourgueneff, 1 vol. Paru en mai 1869.

Histoire de la fausse Elisabeth II. *Journal des Savants*, juin-juillet 1869.

* **Lokis** (n⁰ 17). *Revue des Deux Mondes*, 15 septembre 1869.

1870

Etrange Histoire, traduit de Tourgueneff. (Non signé dans la *Revue des Deux Mondes*. D'une authenticité certaine, néanmoins. Lire la lettre de Prosper Mérimée à l'*Inconnue*, datée du 10 février 1870). *Revue des Deux Mondes*, 1er mars 1870, et *Etranges Histoires*, par Tourgueneff, 1 vol. in-12, 1873.

POSTHUME
1873

* **Djoumane** (n⁰ 17). *Le Moniteur*, 9 au 12 juillet 1873.
* **Lettres à une Inconnue**. (n⁰ 18). 2 vol. Parus en 1873, datés 1874.

1875

* **Lettres à une autre Inconnue**. (n⁰ 21). 1 vol. 1875.

1877

La Vie et l'Œuvre de Cervantès (*préface* de la traduction in-12 de *Don Quichotte*, par M. Lucien Biart). *Revue des Deux Mondes*, 15 décembre 1877.

1881

Lettres à M. Panizzi. 2 vol. 1881.

1896

'Une Correspondance inédite.
(n° 22). *Revue des Deux Mondes*),
1er mars au 15 avril 1896. Ces lettres, dont le destinataire n'est pas
indiqué, sont adressées à Mme de
Larochejacquelein. Elles ont reparu la même année en volume, aug-
mentées d'*un Avertissement* par M.
Ferdinand Brunetière.

1897

Sept lettres à Stendhal. Broch.
in-12, tirée à 25 exemplaires, en
octobre 1897. Volume clandestin.
Ne fait donc pas partie des œuvres
de Mérimée réimprimées format
in-12.

1900

Lettres inédites. (Publiées par M.
Chambon). In-8, tiré à 42 exemplaires, en avril 1900.

Tous les Rapports, rédigés par
Prosper Mérimée comme membre
de la Commission des Monuments
historiques, indiqués dans ce travail
sans autre renseignement que leur
date de lecture, ainsi que sa Note du
25 mai 1840, sur le *Service des Corres-*
pondants, ont paru, en 1876, dans le
volume petit in-4 de M. E. du Sommerard, imprimé à l'Imprimerie Nationale et non mis dans le commerce,

intitulé : *les Monuments historiques
de France à l'Exposition universelle
de Vienne.* Ce volume contient encore
quelques autres fragments de Rapports inédits de notre auteur.

De nombreuses lettres inédites de
Mérimée ont été publiées, soit dans
certains volumes, soit par des journaux ou par des revues. Leur indication nous aurait entraîné trop loin.

Un morceau signé du même nom
et intitulé : *l'Etude du dessin* fait partie de l'*Encyclopédie morale,* ou *Dictionnaire d'éducation,* de M. Lou-
bens, dont la première édition date
de 1864. Nous ignorons s'il s'agit
d'un travail original, ou seulement
d'un extrait de quelque article d'art
de l'auteur de *Colomba.* Nous pen-
chons pour cette dernière hypothèse,
car le texte du *Dictionnaire d'éducation* est presque entièrement compo-
sé d'emprunts. L'*Etude du dessin*
reparut encore à la page 35 du
tome quinze du *Magasin d'éducation*
d'Hetzel, première livraison du tome
premier de l'année 1871-1872.

Plusieurs travaux publiés par le
père de Prosper Mérimée lui ont
été souvent attribués, entre autres
une brochure : *Rapport sur des échantillons de bleu de Prusse,* 1821, et un
volume : *De la peinture à l'huile,* 1830.
De plus, les articles de l'*Encyclopédie moderne* éditée par Firmin Didot,

intitulés : *Sculpture, Vernis* et *Peinture sur verre.* sont dus aussi à la plume de Mérimée père.

La biographie de notre écrivain par Eugène de Mirecourt, parue en 1857, contient le passage suivant :

« Mérimée imprima sur les poésies de Guin Clov, barde breton du VIe siècle, un autre ouvrage plein d'une érudition remarquable.

« Seulement il eut le tort de s'attribuer la découverte de ces poésies, malgré les réclamations de M. de la Villemarqué, leur véritable Christophe Colomb. »

Ensuite, dans *les Noms aimés,* un volume de M. de la Brizolière, paru en 1865, nous voyons encore annoncer, parmi les travaux de Mérimée : « une annotation très érudite des *Poésies de Guin Clov,* barde breton du VIe siècle ». Ce renseignement est emprunté, sans doute, à la biographie de Mirecourt.

Toutes ces affirmations nous semblant en opposition absolue avec le caractère loyal et sûr de Mérimée, sans le connaître, nous lui avions adressé jadis, à ce sujet, une question écrite. Voici sa réponse : « Je n'ai rien écrit sur Guin Clov ». Ceci tranche la question. D'ailleurs, nous n'avons jamais trouvé aucune autre trace quelconque de ce travail soidisant rédigé par lui.

Les fragments inédits de la *Vie de César*, remis jadis par Mérimée à l'empereur Napoléon III, dont M. de Loménie a parlé dans son discours de réception à l'Académie française, sont aujourd'hui, paraît-il, entre les mains du colonel Stoffel. On sait que M. de Loménie fut, à l'Académie, le successeur de Mérimée.

Enfin, il est bien entendu que nous avons uniquement voulu donner ici la liste chronologique des œuvres complètes de Prosper Mérimée. Pour tous les détails relatifs aux différentes éditions de ses ouvrages, nous renvoyons le lecteur à la très intéressante et très complète *Bibliographie* de l'écrivain, par M. Maurice Tourneux, un volume in-12, Baur, 1876.

ŒUVRES DE PROSPER MÉRIMÉE

Imprimées aujourd'hui en format in-12.

1. **Théâtre de Clara Gazul.** 1825 et 1830.
2. **La Guzla.** 1827.
3. **La Jacquerie; La Famille de Carvajal.** 1828.
4. **Chronique du règne de Charles IX.** 1829.
5. **Mosaïque.** 1833.
6. **La Double Méprise.** 1833.
7. **Colomba** (suivi de **la Vénus

d'Ille et de les **Ames du Purgatoire**). 1841.
8. **Etudes sur l'Histoire romaine**. 1841 et 1844.
9. **Carmen** (suivi de **Arsène Guillot** et de l'**Abbé Aubain**). 1846.
10. **Histoire de Don Pèdre I**er. 1848.
11. **Nouvelles (Carmen,** etc.). 1852.
12. **Les Faux Démétrius**. 1852. Daté de 1853.
13. **Les deux Héritages**. 1853.
14. **Mélanges historiques et littéraires**. 1855.
15. **Les Cosaques d'autrefois**. 1865.
16. **Nouvelles moscovites** (de Tourgueneff). 1869.
17. **Dernières Nouvelles**. 1873.
18. **Lettres à une Inconnue**. 2 vol., 1873. Datés de 1874.
19. **Portraits historiques et littéraires** (deux éditions la même année, la première très incorrecte). 1874.
20. **Etudes sur les arts au Moyen âge**. 1875.
21. **Lettres à une autre Inconnue**. 1875.
22. **Une Correspondance inédite**. 1896.

Février 1894 - Juillet 1901.

A PROPOS

DU

ROLE DE LA CRITIQUE

—

BELGIQUE

6.

A M. EUGÈNE GILBERT ([1])

Mon cher ami,

Vous songez, me dites-vous, à réunir sous une même couverture un certain nombre de vos études de critique littéraire, et vous voulez bien me consulter à ce sujet. Je vous engage vivement à exécuter ce projet. Vous ne ferez ainsi que suivre l'exemple donné, tout au moins en France, par la plupart de vos confrères. En effet, chez nos voisins, c'est une règle généralement admise pour les écrivains de quelque noto-

([1]) Préface de son livre : *En marge de quelques pages.* In-12. Plon, 1900.

riété, de rassembler en volumes leurs principaux jugements. Sans vouloir remonter jusqu'à Sainte-Beuve, le plus illustre de tous les maîtres critiques du siècle, et sans m'arrêter même à M. de Pontmartin, ne voyons-nous pas actuellement, — pour ne citer que les plus appréciés parmi les justiciers d'aujourd'hui, — MM. Biré, Brunetière, Doumic, Émile Faguet, Anatole France, Ph. Gille, Larroumet, Jules Lemaître, Edouard Rod, continuer sur ce point la tradition établie par leurs grands prédécesseurs ?

Vous aurez donc parfaitement raison de les imiter à votre tour, d'autant plus que les pages dont il s'agit sont en réalité le complément de votre remarquable ouvrage : *Le Roman en France pendant le XIXᵉ siècle* ([1]), et j'espère que le futur recueil, le premier de la série, sera suivi de beaucoup d'autres.

En France, depuis quelques années, le rôle de la critique littéraire semble avoir quelque peu perdu de son influence, de sa puissance et de sa portée. Chez nous, au contraire, l'importance de cette branche de la littérature a beaucoup grandi, surtout en ce qui concerne les lettres

([1]) Couronné, en 1901, par l'Académie Française.

d'expression française. Toutefois, il
faut bien l'avouer, elle y est souvent
pratiquée d'une façon fâcheusement
spéciale, et même parfois déplorablement étroite.

Quoi qu'il en soit, alors qu'en ce
genre de travaux un trop petit
nombre de personnalités marquantes
brillent dans le passé, l'examen et
l'appréciation des œuvres de l'esprit
comptent aujourd'hui en Belgique
une foule de représentants distin-
gués.

Aussi, parmi les noms d'autrefois,
— sauf celui de Gustave Frédérix, ce
juge spirituel et fin, ce styliste à
l'écriture si élégante et si person-
nelle, et celui du baron de Haulle-
ville, cet humoriste aux impressions
si originales, aux boutades si impré-
vues, — bien peu sont-ils encore
prononcés, ou même seulement connus de la présente génération. Mais,
en revanche, sans oublier M. Francis
Nautet, dont la mort prématurée a
créé chez nous une lacune sensible
parmi les spécialistes actuels de la
critique, les brillantes jeunes plumes
de notre pays, vouées, de nos jours,
à l'analyse et à la diffusion des productions nouvelles, forment une véritable légion, dont l'éclat ne cesse
d'aller en augmentant. Il en résulte
de très intéressants et de très sérieux
efforts, destinés à faire enfin péné-

trer dans l'âme belge la notion et le goût de la littérature, qui lui font presque toujours, hélas! absolument défaut.

Ces cases du cerveau si obstinément fermées chez un trop grand nombre de nos nationaux, sont en quelque sorte la caractéristique, le vrai signe de race, trahissant l'unique vestige d'infériorité des Belges vis-à-vis de la plupart des autres peuples. N'est-il pas inouï que nos compatriotes, si parfaitement doués à tant de points de vue, soient jusqu'à présent demeurés, le plus souvent, aussi incultes, aussi réfractaires à tout ce qui touche aux belles-lettres, alors qu'au point de vue de presque tous les autres arts, de la peinture, de la sculpture et de la musique surtout, ils n'ont cessé de compter et comptent encore parmi eux plus d'un maître incontesté?

A mon avis, le meilleur système, pour acquérir une légitime influence, c'est celui que vous avez pris pour base obligatoire de vos conclusions critiques, c'est-à-dire être toujours et partout absolument impartial. Dès vos premières lignes publiées, vous avez fait une profession de foi dans ce sens, et jamais vous ne vous êtes écarté de ce précepte supérieur. Quoi qu'en puissent dire certains esprits médiocres, certaines natures

sans élévation, l'impartialité seule
peut donner une réelle valeur aux
appréciations individuelles. Et, quoi
qu'en puissent penser aussi les son-
neurs de cloches des petites chapelles, aux silences systématiques,
— chapelles, malgré leurs appels
désespérés, le plus souvent désertes,
et consacrées exclusivement au culte
de dieux sans croyants, — il est aisé,
tout en restant inébranlablement
fidèle à cette maxime, de concilier à
merveille l'extrême fermeté des convictions avec la parfaite urbanité des
jugements.

Cet exemple de loyauté dans la
critique a, d'ailleurs, été donné depuis longtemps déjà dans notre
royaume des lettres par M. Edmond
Picard, ce prosateur de grand talent,
dont les idées sont pourtant fort
différentes des vôtres et des miennes.
L'un des premiers chez nous, si je
ne me trompe, il a très dignement
soutenu le principe de l'équité absolue au point de vue littéraire, quelles
que fussent les opinions personnelles
de l'écrivain jugé, et les tendances
de l'œuvre. Aussi a-t-il fréquemment
reconnu les mérites de forme d'ouvrages dont le fond était en complet
désaccord avec ses propres convictions. Cette manière d'agir est aussi
la vôtre, et c'est ce qui vous a per-
mis, entre autres, de signaler préci-

sément chez M. Picard des beautés de style auxquelles tous les amis de la vérité, lors même qu'ils combattent énergiquement les doctrines de l'auteur, se plaisent néanmoins à rendre hommage.

Du reste, on n'apprécie pas toujours suffisamment à quel degré la mission d'un critique, remplissant consciencieusement sa fonction, est à la fois importante et délicate. Il doit, avant tout, dérouler fièrement son drapeau, faire les réserves que lui imposent ses convictions. Puis, commence le travail d'intuition particulière qui lui permet de s'insinuer dans la plupart des cerveaux, de s'assimiler les innombrables nuances d'inspiration de la foule de publicistes différents dont il doit pénétrer les intentions, de se subroger en idée à l'imagination de tous, enfin, de surprendre l'angle distinctif de tant d'esprits divers, afin de bien saisir la véritable nature et les vrais mobiles de chacun. Ces facultés, lorsqu'elles sont puissamment développées, font partie de celles qui marquent le genre d'écrits en question d'une empreinte de véritable supériorité. Pour pouvoir approfondir une œuvre quelconque, la liberté de se substituer, en quelque sorte, à celui qui l'a conçue, le don de se transporter dans son atmosphère pensante, sont donc des avantages exceptionnels, qui témoignent chez un analyste d'une souplesse intellectuelle tout à fait à part. Lorsqu'il en est pourvu, les sujets les plus divers, les plus opposés, ceux même touchant en apparence le moins à la littérature, trouvent encore chez lui un appréciateur clairvoyant, qui sait en saisir les traits les plus essentiels ou les plus caractéristiques.

En pareil cas, il n'est pas jusqu'au style du compte-rendu qui souvent ne s'accorde avec celui de l'ouvrage étudié. Par sa forme, alors, l'arrêt rendu semble être parfois comme une dernière page tombée du livre lui-même !

Pour accomplir idéalement bien sa tâche, que d'autres qualités sont encore indispensables au critique modèle ! Il doit, au même degré, savoir rechercher et découvrir chez ses tributaires les perfections et les défauts ; il lui faut ensuite les détailler, les préciser et les faire apprécier par ses lecteurs. Un tel esprit d'analyse exige un goût très sûr, — ce microscope de l'esprit, — et une rare sobriété d'expression. Tout cela, sans oublier un grand bon sens, de la solidité, de la verve, de la chaleur, un grain de complaisante indulgence, — sans faiblesse toutefois, — beaucoup de profondeur, point de parti pris, d'amertume ni de morgue, ces apanages ordinaires des Zoïle et des Fréron pouvant faire croire à de la jalousie. Or, selon Balzac, le critique doit être *le censeur et le magistrat des idées*. Enfin, il *devrait* résumer en lui tout ce qui manque à ceux qu'il juge! Inutile d'ajouter qu'un si complet ensemble de supériorités attend encore son incarnation absolue sur notre planète!

Quoi qu'il en soit, la pénétration si précieuse, si indispensable, dont je parlais tout à l'heure, vous la possédez absolument, mon cher ami. Et sans parler d'aucunes de vos autres aptitudes, elle suffirait seule pour vous classer parmi nos critiques les plus en vue et les plus autorisés. Mais je ne veux pas abuser de l'occasion pour vous faire lire tout ce que je pense de votre plume. Continuez seulement à faire connaître chez nous, avec la plus entière justice, les œuvres de notre temps. Ne vous embarrassez pas des contradicteurs, et si des esprits timorés ou partiaux vous blâmaient de remplir votre rôle avec cette largeur de compréhension et cette équité supérieure, laissez-les s'emprisonner dans leur étroitesse. Pour toute réponse, déployez fermement votre drapeau et suivez en paix votre route, sans jamais cesser d'accomplir votre mission avec l'ardent souci de vérité, de loyauté et de sincérité dont, aussi bien envers vos adversaires qu'envers vos alliés, vous avez si complètement fait preuve jusqu'ici.

Villa Close, août 1899.

UNE PIÈCE DE VERS

DE

M. DE LATOUCHE

ADRESSÉE

A Mme DESBORDES-VALMORE

Le voile dont toute une phase de la
vie de Mme Desbordes-Valmore est
entourée, bien que soulevé par les
révélations de Sainte-Beuve dont nous
avons parlé aillleurs (¹), n'est cependant pas complètement tombé jusqu'ici. Alors même que l'on admettrait
comme incontestable la version du
grand critique, les détails de ce
mystère d'amour n'en demeureraient
pas moins ignorés. Où et quand
Marceline Desbordes et M. de Latouche se seraient-ils connus ? Quand
et comment leur rupture se serait-
elle produite ? Autant d'énigmes non
encore résolues.

Depuis la découverte faite, par
M. Arthur Pougin, de l'acte de décès
de ce fils de Marceline né bien avant
son mariage, et tous les renseignements dont il en accompagna la

(¹) Voir notre *Sainte-Beuve inconnu* (In-12,
Plon, 1901).

publication (¹), aucun témoignage nouveau n'a surgi. Cet enfant, nommé Marie-Eugène, reçut le jour à Paris et mourut à Bruxelles le 11 avril 1816, âgé de cinq ans, neuf mois, seize jours. Il devait donc être né le 25 juin 1810. Cependant, dans une lettre datée du 3 mars 1813, imprimée dans la *Correspondance* de Mᵐᵉ Desbordes-Valmore, celle-ci dit : « Eugène, il a *deux* ans », ce qui ferait remonter sa naissance à 1811 seulement. L'acte de décès de ce dernier, incorrect comme le fait de sa venue au monde, est signé par son soi-disant père, Jean-Eugène de Boune, négociant, lequel, dans cet acte, s'intitule faussement le « conjoint » de Marceline Desbordes, alors qu'environ dix-sept mois après, le 4 septembre 1817, celle-ci se maria, — pour la première fois, — et devint la femme légitime de M. Lanchantin, dit Valmore.

Née le 20 juin 1786, Marceline Desbordes avait donc vingt-quatre ou vingt-cinq ans lors de la naissance de ce fils, en admettant toutefois comme vraie la date indiquée sur son acte de décès, ou celle inscrite dans la lettre de sa mère dont

---

(¹) Voir le *Gaulois* du 1ᵉʳ mai 1898, auquel nous empruntons plusieurs des détails qui suivent.

nous avons parlé plus haut. D'autre part, elle écrivit elle-même, et Sainte-Beuve l'imprima, qu'à l'âge de vingt ans des peines profondes l'obligèrent à renoncer au chant, parce que sa voix la faisait pleurer. Ceci se rapporterait donc à l'année 1806, époque où, semble-t-il, elle faisait partie de la troupe du théâtre de Lille. Enfin, n'existe-t-il pas un dernier mystère à éclaircir, relatif à tout cela, révélé par la bizarre coïncidence du prénom de *Marie-Eugène*, donné au fils de Marceline, et de celui de *Jean-Eugène*, porté par le personnage qui signa l'acte de décès de l'enfant, en s'y faisant passer pour le mari de sa mère?

C'est, dit-on, chez une comédienne nommée Délie ou Délia, que Marceline Desbordes rencontra celui qui devait à jamais briser sa vie. Cette Délie faisait partie de la troupe du théâtre de l'Odéon, où, quelques années après, de 1813 à 1815, Mlle Desbordes fut également engagée. Une de ses lettres, non signée, — la seule connue jusqu'ici adressée à l'homme qu'elle aimait, — a été publiée d'abord en fac-similé à Douai, en 1896, dans une brochure non datée (¹). Voici ces lignes, bien

____

(¹) *Une épisode peu connu de la vie de Marceline Desbordes-Valmore, d'après une lettre*

vagues, et qui nous semblent avoir
été parfois inexactement déchiffrées
ou interprétées depuis leur première
mise au jour.

« Janvier.

« Ne viens pas demain matin, bien aimé ;
j'ai mille courses à faire, des visites d'obli-
gation. Hier, j'ai reçu celle d'un gros
homme d'esprit tout poudré, qui s'est
d'abord mis à deux genoux pour deman-
der merci. J'ai ri, et j'ai reçu l'hommage
de ses bonbons et de ses almanachs, que
dis-je ! des plus précieux recueils du
monde, puisque le nom de tout ce que
j'aime s'y trouve. J'ai baisé ce nom, qui
décidera mon sort. Adieu, mon Olivier.
« Et mes trois grâces, mes trois amies ?
Apporte-les moi donc, je t'en prie ; ne
laisse pas écouler un jour sans travailler.
Songe que tu t'occupes de mon bonheur.
Je la veux, cette jambe de bois chérie, ce
pauvre poète déchiré, et surtout ce bar-
bier laid et intéressant. Que tu as bien
fait de les mettre en Espagne ! Ils n'ont
jamais froid. Viens-y, petit ami, viens
nous chauffer au soleil le plus pur. En
attendant, je te verrai samedi au coin, du
feu de mon amie. »

Cette lettre s'adresse visiblement
à un écrivain, à un poète, auquel,

inédite écrite à son amant, reproduite en fac-
similé par Louis Vérité. — In-12. Douai, imprimerie Delattre et Coulois, rue du Palais,
38 et 40 (1896).

ainsi que l'a fait remarquer M. Pougin, le nom donné d'Olivier peut parfaitement n'être qu'un surnom, né d'une circonstance particulière. Il s'agit incontestablement d'un rimeur, dont les vers paraissaient dans ces charmants petits almanachs poétiques, publiés avec tant d'abondance au commencement du dix-neuvième siècle ; il devait, semble-t-il, s'occuper, en outre, d'une pièce de théâtre destinée à Mlle Desbordes, dont le sujet était connu de celle-ci et dont la scène aurait été placée en Espagne.

Tout ceci pourrait parfaitement se rapporter à M. de Latouche, qui, non seulement publiait des poésies dans presque tous les recueils à la mode d'alors, mais se préparait à faire ses débuts comme auteur dramatique par les *Projets de Sagesse*, un acte en vers, qui fut représenté en 1811, précisément sur la scène de l'Odéon, l'année même qui fut celle de la naissance du fils de Marceline, ou l'année qui la suivit. L'auteur des *Projets de Sagesse* devait donc plus que probablement connaître Délie, cette comédienne appartenant au susdit théâtre, et qui, peut-être, interpréta même l'un des rôles de la première œuvre scénique de M. de Latouche, lequel, né en 1785, s'il faut en croire Sainte-Beuve, avait donc seulement un an de plus que Mlle Desbordes.

En feuilletant dernièrement quelques-uns de ces jolis almanachs illustrés, dont le nombre d'amateurs va sans cesse en augmentant, nous découvrîmes avec surprise, dans l'*Almanach dédié aux dames*, pour l'année 1822, — donc paru, chez Le Fuel et chez Delaunay, en décembre 1821, — la pièce de vers que voici, adressée par M. de Latouche à Mme Desbordes-Valmore.

A Mme DESBORDES-VALMORE

Ton sexe, à qui l'amour a décerné l'empire,
Sait triompher encore aux combats de la lyre.
O belles! dans vos chants nobles, mélodieux,
Vous mêlez la douceur et l'éclat de vos yeux.
Ainsi la Grèce a vu, par une heureuse audace,
Unir la fleur du Gnide à la fleur du Parnasse.
Aux vallons de Lesbos, d'harmonieux Zéphirs
Redisaient de Sapho les vers et les soupirs;
Et Pindare cinq fois vit la palme divine
Abandonner son front pour le front de Corinne.

Comme elles, tu vivras dans un long souvenir,
Soit qu'Amour dans tes chants, dictés pour l'avenir,
Célèbre sa douceur et ses lois éternelles;
Soit que tes vers, trempés de larmes maternelles,
De ton fils qui n'est plus consolent le tombeau,
Ton fils, ange du ciel, et si jeune et si beau!
Tel le bouton naissant, fugitive espérance,
Cache un ver ennemi qui le ronge en silence;
La nymphe qui, la veille, admirait ses couleurs,
Ne le retrouve plus en visitant ses fleurs.

Tes chants nous rendront-ils les muses fugitives,
Les muses, tour à tour excitant sur nos rives
      L'indifférence et les regrets?
La poésie a peur des sinistres orages;
Elle est cette colombe, errant sur des naufrages,
    Qu'abritait l'arche aux flancs secrets.
A-t-elle devancé les jours de la souffrance?
Elle aura sur tes pas entrevu quelques fleurs;
Et pour ses yeux charmés, le beau ciel de la France
    Promet le signe aux diverses couleurs.
    Oui, c'est pour toi, timide Marceline,
Qu'elle essaie un moment ses pas sur la colline;
C'est pour toi qu'à son vol l'horizon s'est ouvert,
      Et pour ce front pur et modeste,
      Elle a sur le laurier céleste
      Cueilli le premier rameau vert.

H. DE LATOUCHE.

Ce qui nous frappe surtout dans ces vers, c'est l'indication publique, sans restriction ni atténuation, de la mort du fils clandestin de Marceline Desbordes, et cela cinq ans seulement après cette mort. Alors qu'en 1821, Mme Valmore, mariée depuis quatre ans, était mère de deux enfants légitimes, — sa fille Junie, née en 1818, morte un mois après sa naissance, et son fils Hippolyte, né en 1820, — ne semble-t-il pas inexplicable que M. de Latouche ait ainsi précisé aux yeux de tous, et sous cette forme, un fait tenu généralement le plus caché qu'il est possible?

D'autre part, Mme Desbordes-Valmore, à la date où cette pièce fut publiée, n'habitait pas Paris. En effet, elle demeura, de mars 1821 à mars 1823, installée à Lyon avec son mari, tous deux engagés au théâtre de cette ville. Il faut remarquer, enfin, que M. de Latouche ne réimprima jamais ces rimes dans ses recueils poétiques : les *Agrestes, Adieux, Derniers Adieux*, etc.

On le voit, le mystère de la vie de la pauvre Marceline ne semble pas près d'être définitivement découvert. Tout au plus, en rapprochant sa lettre à Sainte-Beuve sur M. de Latouche, — maintenant publiée *in-extenso* dans notre *Sainte-Beuve inconnu*, — des circonstances que nous venons de rapporter et des vers exhumés plus haut, peut-on y trouver des indices significatifs tendant à confirmer l'affirmation si formelle, énoncée, vers 1839, par Sainte-Beuve, dans ses *Mémoires inédits*. Nous la reproduisons ici, car c'est, à notre avis, la meilleure conclusion que nous puissions donner à ces courtes notes :

L'amant-poète, célébré dans les élégies de Mme Valmore, est Latouche, et celui des élégies de Mme Dufresnoy est Fontanes.

Enfin, l'on n'a pas oublié ce vers si souvent cité de la pauvre Marce-

line, où, parlant du nom de son aimé,
elle dit :

Tu sais que dans le mien le ciel daigna l'écrire,

ni que les prénoms véritables de
M. de Latouche étaient : Hyacinthe-
Joseph-Alexandre, et ceux de Mme
Valmore : Marceline-Félicité-*Josèphe*.

Villa-Close. Novembre 1900.

Post-Scriptum

Décembre 1900.

Au moment où nous corrigeons
les épreuves de ces lignes, une
seconde lettre de Marceline Desbordes à cet Olivier inconnu vient
d'être mise au jour. Elle a fait partie,
sous le numéro cent quarante-cinq,
de la vente d'autographes effectuée le
18 courant par M. Noël Charavay. Ce
billet, également non signé, n'éclair-
cit rien, car l'indication de son destinataire présumé n'est nullement
authentique. Elle se compose uniquement des mots suivants, transcrits
au crayon et d'une écriture étran-
gère, sur l'autographe même :
« Lettre de Mme Desbordes-Valmore
à M. Audibert ». Voici, d'ailleurs, le
texte du billet, où le nom d'Olivier
est effacé chaque fois :

« Rappelle-toi bien ta promesse, cher
bien aimé; n'oublie pas que je n'ai plus
une âme que pour t'aimer, pour te suivre
et s'attacher à toutes tes actions. Ne res-
tons pas plusieurs jours sans nous voir;
j'ai trop souffert. Demain, à quatre
heures, je t'attends. Aime-moi, petit
ami, réponds à mon cœur; ô je t'en
supplie, aime-moi bien! C'est comme si
je te disais : donne-moi la vie. Ton amour
est plus encore, Olivier, mon Olivier! Tu
ne sais pas à quel point tu peux me
rendre heureuse ou malheureuse. »

Il ne faut pas oublier non plus, que
Mme Desbordes-Valmore, dans les
nombreuses pièces de vers consacrées par elle-même à l'abandon
dont elle fut la victime, donne aussi
le nom d'Olivier à son infidèle
amant, et qu'elle y parle, non moins
ouvertement, de la mort de leur fils.

LE

« VICTOR HUGO »

DE

THÉOPHILE GAUTIER

Il nous semble impossible de laisser passer l'apparition du volume de Théophile Gautier, récemment mis en vente sous le titre de : *Victor Hugo*, sans présenter quelques observations à son sujet. Car, à aucun degré vraiment, l'ouvrage n'est digne des deux grands noms qu'il associe sur sa couverture, ainsi que, de leur vivant, les deux célèbres poètes porteurs de ces noms furent unis par une indissoluble amitié.

Lorsqu'il s'agit, comme c'est ici le cas, de pages écrites par l'un des plus parfaits écrivains du dix-neuvième siècle, la façon dont un certain nombre de fragments émanés d'un pareil maître viennent d'être rassemblés, et soudés tels quels, ne peut donner satisfaction aux légitimes exigences d'aucun lettré, ni même à celles, beaucoup plus modestes cependant, de la plupart des lecteurs.

Nous ignorons par quelle main cette réunion de morceaux, arbitrairement découpés dans l'œuvre totale de l'incomparable styliste, a été exécutée. Mais, contrairement à l'annonce insérée dans divers journaux quotidiens, *pas une ligne, pas un seul mot*, de ce *Victor Hugo* n'est inédit (1). Nous le prouverons tout-à-l'heure, en donnant la table complète de ses chapitres, accom-

(1) Voici le libellé même de cette annonce, que nous citons d'après *la Fronde* du 4 mars 1902 :

« A l'occasion du Centenaire de Victor Hugo, l'éditeur Fasquelle vient de mettre en vente sous le titre de : *Victor Hugo*, par Théophile Gautier, en un volume de la Bibliothèque Charpentier, un très intéressant recueil des études critiques, *en grande partie inédites*, que fit Théophile Gautier des œuvres dramatiques de Victor Hugo et de leurs interprètes. Théophile Gautier fut un des contemporains de Victor Hugo qui sut le mieux comprendre et apprécier le génie du grand poète et la puissance de l'auteur dramatique. »

Il n'est pas uniquement question dans ce recueil, — ainsi que la note précédente le ferait supposer, — des pages de Théophile Gautier écrites à propos « des *œuvres dramatiques de Victor Hugo, et de leurs interprètes*. » On y a recueilli aussi les moindres lignes retrouvées où se rencontre le nom d'Hugo, et des articles sur un de ses bustes, sur la vente de son mobilier, sur un de ses dessins, etc.

pagnée de celle des publications dans lesquelles *tous* ont une première fois passé sous les yeux du public. Au surplus, nulle indication de leur lieu d'origine n'est inscrite dans le livre, pas plus que l'insertion du moindre paragraphe inédit n'y est signalée. Pour notre part, nous avons, sans le savoir ni le vouloir, contribué à son élaboration par trois lettres dont nous possédons les autographes. On les a extraites de notre *Histoire des œuvres de Théophile Gautier*, dont elles font partie depuis son apparition, en 1887. Ceci, sans parler de plusieurs articles du bon Théo, retrouvés jadis par nous et cités également dans notre ouvrage.

A propos de recueils documentaires tels que celui-ci, il est, au point de vue de l'histoire littéraire, un détail de première importance, dont il faut soigneusement assurer l'exécution. Nous voulons parler de la précision des noms, des dates et des millésimes attribués aux textes reproduits. Or, un grand nombre des années et des quantièmes indiqués, est absolument inexact. Pour les dates spécialement, le fait se rencontre, surtout, à propos des emprunts opérés dans les feuilletons dramatiques de Gautier. Ces emprunts ont été le plus souvent glanés dans les six volumes de son *Histoire de l'art dramatique en France depuis vingt-cinq ans,* ouvrage où les indications de dates, ainsi que nous l'avons renseigné, pour chacun des feuilletons de l'auteur, dans notre *Histoire des Œuvres de Théophile Gautier,* sont très fréquemment altérées. Comme on n'a pas pris garde à cette négligence, les fautes existant dans les six volumes dont nous venons de parler, se retrouvent dans le *Victor Hugo.* Quelques-uns de ses chapitres ne portent, d'ailleurs, ni millésime, ni date quelconque, et plusieurs d'entre eux ne comportent, en tout, qu'un très petit nombre de lignes ! Il faut remarquer, en outre, que la plus grande partie du livre est uniquement composée de citations moissonnées dans les ouvrages antérieurs du maître, parus chez le même éditeur, et publiés dans le même format que ce dernier tome. Aucune indication, non plus, n'avertit le lecteur de ce véritable double emploi.

Voici, du reste, comme nous l'avons promis, la table complète du volume, telle qu'elle y est rédigée, accompagnée de l'indication du lieu de première publication de tous ses chapitres, sans exception. Nous avons fait précéder d'un astérisque, ceux d'entre eux dont la réimpression est exécutée d'après la version fautive, comme dates, de l'*Histoire de l'Art dramatique en France depuis vingt-cinq ans.*

1. 1830. — Fragments de *Première rencontre,* chapitre premier de l'*Histoire du Romantisme,* paru dans *le Bien Public* du 3 Mars 1872, et, pour *les deux derniers paragraphes* (!), « tripatouillages » opérés dans la *Biographie* de Théophile Gautier par lui-même, insérée d'abord dans l'*Illustration* du 9 mars 1867, puis dans son volume : *Portraits Contemporains.* Il faut remarquer enfin, que ce millésime : 1830, qui donne son titre au chapitre et commence sa première ligne, n'existe pas dans le texte authentique de Théophile Gautier !

2. *Le Gilet Rouge.* — *Le légende du Gilet Rouge,* chapitre dix de l'*Histoire du Romantisme,* paru dans *le Bien Public* du 5 mai 1872.

3. *La Présentation.* — Autres fragments de *Première Rencontre.* (Voir au premier chapitre).

4. *Un buste de Victor Hugo.* — *Le Mercure de France au dix-neuvième siècle* du 8 octobre 1831 ; reparu dans le volume : *Fusains et Eaux-Fortes.*

5. *La Place Royale.* — *L'Illustration,* 9 mars 1867. (Voir au premier chapitre). Court fragment. Le texte

complet reparu dans le volume des *Portraits Contemporains*.

6. *La première d'Hernani.* — *Première représentation d'Hernani*, chapitres onze et douze de l'*Histoire du Romantisme*, parus dans le *Bien Public* des 12 mai et 6 novembre 1872.

*7. *Procès de Victor Hugo contre la Comédie Française.* — *La Presse*, 20 novembre 1837, et 8 janvier 1838, mais non « novembre 1837 ». Dans l'*Histoire de l'Art dramatique*, le fragment du 8 janvier 1838, arbitrairement accolé ici à celui du 20 novembre précédent, est abusivement daté du 1er janvier 1838.

*8. *Reprise d'Hernani par autorité de justice.* — *La Presse*, 22 janvier 1838.

*9. *Débuts de Melle Emilie Guyon dans Hernani.* — *La Presse*, 22 juin 1841, et non 15 juin 1841.

10. *Reprise d'Hernani (12 février 1844).* — *La Presse*, 12 février 1844. La reprise en question ne peut donc avoir eu lieu à cette date.

11. *Reprise d'Hernani (10 mars 1845).* — *La Presse*, 10 mars 1845. Même observation.

12. *Reprise d'Hernani (8 novembre 1847).* — *La Presse*, 8 novembre 1847. Même observation.

13. *A propos d'Hernani au Théâtre

Italien. — *La Presse,* 5 décembre 1854.

14. *La reprise d'Hernani (21 juin 1867).* — *Le Moniteur Universel,* 25 juin 1867, et non 21 juin 1867. La date donnée de cette reprise est vraisemblablement inexacte aussi. Cet article a reparu également dans le volume : *Histoire du Romantisme.*

15. *Lettre à Sainte-Beuve.* — *Histoire des œuvres de Théophile Gautier,* tome premier, page 107. Cinq lignes (!), qui la suivent arbitrairement ici, sont empruntées au compte-rendu inédit d'une représentation à l'hôtel Castellane, cité à la page 116 du même volume !

16. *Prospectus pour Notre-Dame de Paris.* — *Prospectus* de 1835, et *Histoire des Œuvres de Théophile Gautier,* tome premier, page 68.

17. *Un drame tiré de Notre-Dame de Paris.* — *La Presse,* 1-2 avril 1850, et non : « Avril 1850 ».

18. *Angelo.* — *Le Monde Dramatiqne,* 11 juillet 1835, et non 5 juillet, ainsi qu'il est inexactement imprimé dans notre *Histoire des Œuvres de Théophile Gautier.*

19. *Mademoiselle Rachel dans Angelo.* — *La Presse,* 27 mai 1850.

20. *Victor Hugo dessinateur.* — *La Presse,* 27 juin 1838, et *Histoire*

des Œuvres de Théophile Gautier,
tome premier, page 163.

*21. *Première de Ruy Blas (Renais-*
sance). — *La Presse,* 12 novembre
1838.

22. *Reprise de Ruy Blas.* — *La*
Gazette de Paris, 28 février 1872.

*23. *Vers de Victor Hugo.* — *La*
Presse, 13 juin 1843.

*24. *Le Drame.* — *La Presse,* 30 juillet
1849, et non 1843 (!).

*25. *Reprise de Marion Delorme (9 no-*
vembre 1839). — *La Presse,* 9 novembre 1839. La date indiquée pour
cette reprise est donc inexacte.

26. *Reprise de Marion Delorme*
(1er décembre 1851). — *La Presse,*
1er décembre 1851. Même observation.

*27. *Diane, d'Augier, et Marion Delor-*
me. — *La Presse,* 24 février 1852,
et non 19 février 1851 (!). Dans
l'*Histoire de l'Art Dramatique,* ce
morceau est daté inexactement
aussi du 19 février 1852.

28. *Une lettre de Victor Hugo.* —
Histoire des Œuvres de Théophile
Gautier, tome premier, page 275.

*29. *Gastibelza (Opéra National).* —
La Presse, 22 novembre 1847.

*30. *Changements à vue.* — *La Presse,*
7 février 1848, et non 1849.

*31. *Lucrezia Borgia (Théâtre Italien).*
— *La Presse,* 7 novembre 1840,
et non 14 février 1840. Dans

l'*Histoire de l'Art Dramatique*, ce morceau est non moins inexactement daté du 14 novembre 1840.

*32. *Lucrèce Borgia (Odéon)*. — *La Presse*, 21 février 1843, et non 13 mars 1843.

33. *Lucrezia Borgia (Théâtre Italien)*. — *La Presse*, 29 novembre 1853, et non 20 novembre 1853.

34. *Lucrèce Borgia (Porte Saint-Martin)*. — *Journal Officiel*, 7 février 1870.

35. *Les Burgraves*. — *La Presse*, 14 février 1843, et non 18 février 1843.

*36. *Les Burgraves (Théâtre Français)*. — *La Presse*, 13 et 14 mars 1843, et non 13 mars seulement, 1843.

37. *Reprise des Burgraves*. — *La Presse*, 14 décembre 1846. Cette reprise n'ayant été que *projetée*, le titre donné à ces lignes est inexact et abusif.

*38. *Parodies des Burgraves*. — *La Presse*, 4 avril 1843.

*39. *Parodies et pastiches*. — *La Presse*, 14 mai 1849.

40. *Vente du mobilier de Victor Hugo*. — *La Presse*, 7 juin 1852, puis dans le volume : *Histoire du Romantisme*.

41. *A propos du mélodrame intitulé : la Chambre ardente*. — *La Presse*, 17 octobre 1854.

42. *Mademoiselle Georges.* — *Figaro,*
26 octobre 1837, et non : « Octobre
1857 » (1), puis dans le volume des
Portraits Contemporains.
43. *Mort de Mademoiselle Georges.* —
Le Moniteur Universel, 14 janvier
1867, puis dans le volume : *Histoire
du Romantisme.*
44. *Mademoiselle Rachel.* — *Le Moniteur Universel,* 11 janvier 1858,
puis dans le volume des *Portraits
Contemporains.*
45. *Madame Dorval.* — *Figaro,* 16 janvier 1838, puis dans le volume des
Portraits Contemporains.
'46. *Mort de Madame Dorval.* — *La
Presse,* 28-29 mai 1849, et non
1er juin 1849, puis dans le volume :
Histoire du Romantisme.
47. *Frédérick Lemaître.* — *La Presse,*
16 janvier 1855, et non 14 janvier
1855, puis dans le volume : *Histoire du Romantisme.*
48. *Mademoiselle Juliette.* — *Figaro,* 29 octobre 1837, et non 1857 (!),
puis dans le volume des *Portraits
Contemporains.*
49. *[Le] Château du souvenir.* — *Le
Moniteur Universel,* 30 décembre
1861, puis dans le volume de
vers : *Emaux et Camées.*
50. *Etudes sur la poésie française.* —
Pages extraites du *Rapport sur le
progrès des lettres,* publié en 1868,

et reparu en entier dans le volume : *Histoire du Romantisme*.

51. *Lettre de Victor Hugo. — Histoire des œuvres de Théophile Gautier*, tome deux, page 389, et *Entretiens, souvenirs et correspondances*, recueillis par Emile Bergerat.

Une dernière remarque à faire, c'est le peu de soin avec lequel on a recherché et rassemblé, dans ce fâcheux volume, tous les écrits de Gautier relatifs à l'auteur d'*Hernani*. Leur réunion complète était cependant le prétexte invoqué pour justifier sa publication, et sa prétendue raison d'être. Or, on a oublié d'y comprendre, entre autres, le plus considérable travail de Théophile Gautier sur Victor Hugo. C'est une sorte de livre-album tout entier, paru en décembre 1862, (daté de 1863), sous le titre de : *Dessins de Victor Hugo*. Les dessins y sont précédés par la prose sculpturale de l'auteur des *Emaux et Camées*. Et cette œuvre n'était pourtant pas difficile à retrouver, l'ayant nous-même fait intégralement réimprimer dans l'ouvrage posthume du grand Théo, intitulé : *Souvenirs de théâtre, d'art et de critique !*

Quant aux fautes et aux erreurs dont fourmille le texte du livre, nous ne tenterons pas de les renseigner toutes. Nous nous bornerons à relever celles-ci, relatives surtout à des noms inexactement cités : — *Madame Gay*, au lieu de *sa fille*, la future Madame Emile de Girardin (page 50) ; — *MM. Debrieu, Arnand et Jory*, pour *Delrieu, Arnaud et Jouy* (page 55) ; — *moins d'énergie* pour *plus d'énergie* (page 92) ; — *Paul Fouché* pour *Paul Foucher* (page 96) ; — *Arnauld* pour *Arnault*, et *Chilley* pour *Chilly* (page 97) ; — *indolence* pour *insolence* (page 118, dernière ligne) ; — *Aubetta* et *Giubetta* pour *Gubetta* (pages 125 et 179) ; — *Hoshua Farnaby* pour *Joshua Farnaby* (page 130) ; — *Coramanchel* pour *Caramanchel* (page 131) ; — *Gulatromba, comte de Garofa, puis de Villalcazar*, pour *Goulatromba, comte de Garofa, près de Velalcazar* (page 137) ; — *Don Garitan* pour *Don Guritan* (pages 137 et 140) ; — *Alexandre Mauzon* pour *Alexandre Mauzin* (page 139) ; — *le camerera mayor, et un camerera mayor* pour *la et une camerera mayor* (page 140) ; — *Bozozona* pour *Bazazona* (page 141) ; — *Jeffroy* pour *Geffroy* (page 150) ; — *Antiquerra* pour *Antequerra* (page 159) ; — *Mademoiselle Chérie Courand* pour *Couraud* (page 161) ; — *Beppo Loveretto* pour *Jeppo Liveretto* (pages 175 et 179) ; — *Don Apostollo Gazetta* pour *Gazella* (page 175) ; — *Alofeno Villettozo* pour

Oloferno Vitellozzo (page 175); — *Van Amhy ou de Caster* pour *Van Amburg ou de Carter* (page 176); — *lui met la met sur l'épaule* pour *lui met la main sur l'épaule* (page 204); — et, par dessus tout : *citadelles*, au pluriel, rimant avec : *fidèle*, au singulier (page 210), dans une citation par conséquent inexacte des *Burgraves*, imprimée de la sorte au plus grand dommage de l'impeccable rimeur que demeura immuablement Victor Hugo !

Ces échantillons suffiront, pensons-nous, pour faire apprécier avec quelle complète absence d'attention, les épreuves de ce regrettable résidu des écrits du maître ont été relues et corrigées. De son vivant, jamais il n'eut autorisé la mise en vente d'une telle compilation !

En présence de toutes les imper-fections, de toutes les erreurs et de toutes les négligences que nous avons indiquées, nous déplorons vivement la publication du *Victor Hugo* de Théophile Gautier, du moins établi d'une pareille façon. Tel qu'il est exécuté, il nous semble difficile de traiter avec plus de sans gêne et moins de respect, l'œuvre toute en-tière d'un des écrivains français du dix-neuvième sièle qui fait le plus d'honneur à son temps et à son pays !

Villa Close, Mars-Avril 1902.

UNE ÉPAVE

DE

CHARLES NODIER

Depuis la mort de Charles Nodier, l'un des premiers fondateurs du *Bulletin du Bibliophile*, cette publication a toujours pieusement recueilli les lettres de l'auteur d'*Inez de las Sierras*, et ses écrits dispersés un peu partout.

Voici l'une de ces épaves, et non la moins curieuse. Elle a été imprimée pour la première fois dans le numéro du 10 janvier 1834, de l'introuvable *Vert-Vert*, ce journal fondé le 1er septembre 1832 par Anténor Joly, avec la collaboration, — malheureusement presque toujours anonyme, — de MM. Victor Hugo, Alfred de Vigny, Jules Sand, etc, etc. Son numéro du 14 avril 1833 contient une liste curieuse de ses collaborateurs.

Le seul exemplaire connu du *Vert-Vert*, où nous avons retrouvé les lignes suivantes, appartient à M. Charles Malherbe, l'érudit et aimable bibliothécaire de l'Opéra.

1897.

JEAN DE BRY

Jean de Bry, né à Vervins en 1760, ancien député à la Convention Nationale, ancien préfet du Doubs et du Bas-Rhin, est mort à Paris le 6 janvier (1834).

Au moment où j'écris ces lignes, on l'emporte à sa dernière demeure, où je ne me sens pas la force d'accompagner ses amis; mais je ne dévorerai pas toutes mes larmes, j'en mouillerai une de vos pages.

L'histoire impartiale jugera le jeune député de Vervins; elle fera la part de l'âge et des circonstances.

Besançon se souviendra du plus sage et du plus tolérant de ses administrateurs.

L'exil racontera de quelles utiles leçons il a nourri sa saine et virile vieillesse.

Il ne m'appartient, à moi, que de pleurer.

La fougue, les écarts peut-être, d'une adolescence orageuse, avaient attiré sur moi les violences du pouvoir. Je fus placé pendant trois ans sous la surveillance de Jean de Bry, et je trouvai en lui un protecteur.

Je perdis mon père, et je trouvai en lui la tendresse et les soins d'un père.

Nous fûmes séparés depuis par l'espace, comme nous l'étions par l'opinion, et jamais le moindre nuage ne troubla notre amitié.

Le 26 décembre dernier, j'étais heureux,
d'un bonheur inespéré. Mon bonheur fut
aussi celui de Jean de Bry ; le respec-
table vieillard m'attendait sur mon
passage pour m'embrasser et je ne savais
pas qu'il m'embrassait pour la dernière
fois !

Je le verrai cependant encore. Jean de
Bry croyait au Dieu que je crois, et
jamais voix humaine, peut-être, n'a
exprimé la foi du sage avec une onction
plus pénétrante.

Jean de Bry, conventionnel, plénipo-
tentiaire, administrateur pendant vingt
ans, Jean de Bry est mort pauvre. Voilà
pour sa philosophie pratique.

Jean de Bry, éclairé par l'expérience et
par la raison sur toutes les vérités de la
vie, n'avait rapporté de la proscription
que des idées de modération politique,
de pitié bienveillante pour tous les mal-
heurs, d'indulgence pour toutes les
fautes. Voilà pour ses théories philoso-
phiques.

Doué au plus haut degré du talent
d'écrire et d'exprimer éloquemment les
plus nobles pensées, Jean de Bry n'a
point laissé, pourtant, d'ouvrage suivi,
parce que, dans sa modeste sagesse, il se
défiait encore de son impartialité ; mais
il a laissé des pages sublimes de style et
de sentiment, et la femme incomparable
qui portait si dignement son nom ne
peut en faire tort à l'avenir.

On trouvera là Jean de Bry tout entier,
c'est-à-dire une âme désabusée de tout ce
qui était mal et perfectionnée en tout ce
qui était bien, qui joignait, dans l'énon-
ciation de ses idées, une forme toujours
heureuse et une conception toujours

élevée, et qui revêtait les leçons de Marc Aurèle et d'Epictète, des couleurs de Fénelon.

Cet excellent homme est mort; que toutes les haines se désarment sur sa tombe! Il n'en avait point à redouter dans son séjour futur. Depuis longtemps celles-là étaient désarmées par ses vertus.

Qu'il repose en paix !

CH. NODIER.

UNE ÉPAVE

DE

CHARLES BAUDELAIRE

Voici, certes, l'une de nos plus piquantes trouvailles.

Il s'agit d'un article écrit par Charles Baudelaire au début de sa carrière d'écrivain. La façon dont il y parle de Balzac est assurément aussi imprévue qu'intéressante à connaître. Ce curieux morceau était enfoui dans l'*Echo des théâtres*, numéro du 25 août 1846, où nous l'avons retrouvé tout à fait par hasard.

1901

COMMENT ON PAIE SES DETTES

QUAND ON A DU GÉNIE

L'anecdote suivante m'a été contée avec prière de n'en parler à personne;

c'est pour cela que je veux la raconter à tout le monde.

... Il était triste, à en juger par ses sourcils froncés, sa large bouche, moins distendue et moins lippe qu'à l'ordinaire, et la manière entrecoupée de brusques pauses dont il arpentait le double passage de l'Opéra. Il était triste.

C'était bien lui, la plus forte tête commerciale et littéraire du XIX* siècle, lui, le cerveau poétique tapissé de chiffres comme le cabinet d'un financier ; c'était bien lui, l'homme aux faillites mythologiques, aux entreprises hyperboliques et fantasmagoriques, dont il oublie toujours d'allumer la lanterne ; le grand pourchasseur de rêves, sans cesse à la *recherche de l'absolu* ; lui, le personnage le plus cocasse, le plus intéressant et le plus vaniteux des personnages de *la Comédie humaine* ; lui, cet original aussi insupportable dans la vie que délicieux dans ses écrits, ce gros enfant bouffi de génie et de vanité, qui a tant de qualités et tant de travers que l'on hésite à retrancher les uns de peur de perdre les autres, et de gâter ainsi cette incorrigible et fatale monstruosité !

Qu'avait-il donc à être si noir, le grand homme ! pour marcher ainsi le menton sur la bedaine, et contraindre son front plissé à se faire *peau de chagrin* ?

Rêvait-il ananas à quatre sous, pont suspendu en fil de liane, villa sans escaliers avec des boudoirs tendus en mousseline ? Quelque princesse, approchant de la quarantaine, lui avait-elle jeté une de ces œillades profondes que la beauté doit au génie ? ou son cerveau, gros de quelque machine industrielle, était-il tenaillé par toutes les *souffrances d'un inventeur?*

Non, hélas! non; la tristesse du grand homme était une tristesse vulgaire, terre à terre, ignoble, honteuse et ridicule; il se trouvait dans ce cas mortifiant que nous connaissons tous, où chaque minute qui s'envole emporte sur ses ailes une chance de salut; où, l'œil fixé sur l'horloge, le génie de l'invention sent la nécessité de doubler, tripler, décupler ses forces dans la proportion du temps qui diminue et de la vitesse approchante de l'heure fatale. L'illustre auteur de la théorie de la lettre de change avait le lendemain un billet de douze cents francs à payer, et la soirée était fort avancée.

En ces sortes de cas, il arrive parfois que pressé, accablé, pétri, écrasé sous le piston de la nécessité, l'esprit s'élance subitement hors de sa prison par un jet inattendu et victorieux.

C'est ce qui arriva probablement au grand romancier. Car un sourire succéda sur sa bouche à la contraction qui en affligeait les lignes orgueilleuses; son œil se redressa, et notre homme, calme et rassis, s'achemina vers la rue Richelieu d'un pas sublime et cadencé.

Il monta dans une maison, où un commerçant riche (¹) et prospérant alors, se délassait des travaux de la journée au coin du feu et du thé; il fut reçu avec tous les honneurs dûs à son nom, et, au bout de quelques minutes, il exposa en ces mots l'objet de sa visite.

« Voulez-vous avoir après-demain, dans *le Siècle* et les *Débats*, deux grands

---

(¹) Curmer.

articles-variétés, sur *les Français peints par eux-mêmes*, deux grands articles de moi et signés de mon nom ? Il me faut quinze cents francs. C'est pour vous une affaire d'or. »

Il paraît que l'éditeur, différent en cela de ses confrères, trouva le raisonnement raisonnable, car le marché fut conclu immédiatement. Celui-ci, se ravisant, insista pour que les quinze cents francs fussent livrés sur l'apparition du premier article, puis il retourna paisiblement vers le passage de l'Opéra.

Au bout de quelques minutes, il avisa un petit jeune homme à la physionomie hargneuse et spirituelle, qui lui avait fait naguère une ébouriffante préface pour la *Grandeur et décadence de César Birotteau*, et qui était déjà connu dans le journalisme pour sa verve bouffonne et quasi impie ([1]) ; le piétisme ne lui avait pas encore rogné les griffes, et les feuilles bigotes ouvert leurs bienheureux éteignoirs.

« Edouard, voulez-vous avoir demain cent cinquante francs ? — Fichtre ! — Eh bien ! venez prendre du café. »

Le jeune homme but une tasse de café, dont sa petite organisation méridionale fut tout d'abord enfiévrée.

« Edouard, il me faut demain matin trois grandes colonnes *Variétés* sur *les Français peints par eux-mêmes*, le matin, entendez-vous, et de grand matin, car l'article entier doit être recopié de ma main et signé de mon nom ; cela est fort important. »

([1]) Edouard Ourliac.

Le grand homme prononça ces mots avec cette emphase admirable, et ce ton superbe, dont il dit parfois à un ami qu'il ne veut pas recevoir : « Mille pardons, mon cher, de vous laisser à la porte ; je suis en tête à tête avec une princesse, dont l'honneur est à ma disposition, et vous comprenez... »

Edouard lui donna une poignée de main, comme à un bienfaiteur, et courut à la besogne.

Le grand romancier commanda son second article rue de Navarin.

Le premier article parut le surlendemain dans *le Siècle* (¹). Chose bizarre, il n'était signé ni du petit homme ni du grand homme, mais d'un troisième nom, bien connu dans la bohême d'alors pour ses amours de matous et d'Opéra-comique (²).

Le second ami était et est encore gros, paresseux et lymphatique (³); de plus, il n'a pas d'idées, et ne sait qu'enfiler et perler des mots à la manière de colliers d'Osages, et, comme il est beaucoup plus long de tasser trois grandes colonnes de mots, que de faire un volume d'idées, son article ne parut que quelques jours plus tard. Il ne fut pas inséré dans les *Débats*, mais dans *la Presse* (⁴).

Le billet de douze cents francs était payé ; chacun était parfaitement satisfait, excepté l'éditeur, qui l'était presque. Et

(¹) Numéro du 2 septembre 1839.
(²) Gérard de Nerval.
(³) Théophile Gautier.
(⁴) Numéro du 11 septembre 1839.

c'est ainsi qu'on paie ses dettes... quand on a du génie.

Si quelque malin s'avisait de prendre ceci pour une *blague* de petit journal et un attentat à la gloire du plus grand homme de notre siècle, il se tromperait honteusement ; j'ai voulu montrer que le grand poète savait dénouer une lettre de change aussi facilement que le roman le plus mystérieux et le plus intrigué.

L'ÉTERNEL CONTRASTE

—

— POÉSIE —

Si le miroir d'un lac, frappé par le caillou
Que lui lance la main d'un enfant ou d'un fou,
Sous le coup imprévu qui dépolit ses ondes
Ride un instant ses eaux paisibles, mais profondes,
Il retrouve bientôt son émail transparent,
Que l'oiseau de son aile égratigne en passant !..
Puis, le choc amorti, comme il semble sourire !
La fièvre l'abandonne ; il renaît, il respire ;
Cette pulsation qui faisait haleter
Eperdument son sein, est prompte à s'apaiser,
Et ses flots amoureux courent avec ivresse
Redonner à ses bords leur lascive caresse !

Cet exemple est suivi par tous les éléments.
La matière se rit de la foudre et des vents.
Jamais les prés, les bois, les eaux, les cieux, la terre,
Ne frissonnent après que s'est tu le tonnerre !
Les blessures du globe et leur rapide oubli
Sont donc l'ordre suprème ici-bas éabli.

Sur les brèches du sol il faut que la nature
Jette éternellement son manteau de verdure !.,.
Mais un secours semblable à l'homme est refusé.
Par la Vie ou la Mort s'il a le cœur brisé,
Si d'une arme ou d'un mot il a subi l'atteinte,
De son mal, quel qu'il soit, il doit taire la plainte,
Et, l'être tout entier en proie au désespoir,
Sourire à ses bourreaux sans rien en laisser voir !
Pour ses maux point d'oubli, pour ses deuils point
        [de voile,
Car, lassé, s'il implore un jour sa *bonne étoile*.
La verdure, les fleurs, les flots, l'azur du ciel...
L'insensible nature est sourde à son appel !

Il sent alors s'éteindre en lui toute espérance,
En comparant la loi de l'humaine souffrance
A celle dont le cours immuable, éternel,
Du moins dérobe aux yeux le mal universel.
Il observe partout les choses oublieuses,
L'éclatante lumière et les clartés joyeuses
Que répand en rayons la gaîté du soleil,
Couvrant tout de son or ruisselant et vermeil ;
Tant de sites riants, aux fleurs éblouissantes,
Et le cristal moiré des eaux resplendissantes !

Plus la beauté terrestre apparaît à ses yeux,
Plus son esprit devient inquiet, soucieux.
Il interroge tout : les êtres et les choses,
Et poursuit la raison de leurs métamorphoses,
Sans entendre jamais le mot libérateur.
Dans ce drame inconnu d'un impassible Auteur,
Dont le sens et le but l'intriguent plus encore,
Il remplit jusqu'au bout un rôle qu'il ignore,
Car personne n'a vu ni l'arme ni la main
Qui d'un martyr stoïque ont déchiré le sein,
Pas plus que d'un propos meurtrier la blessure
Ne saigne aux yeux de tous. Choc, plaie ou meur-
        [trissure,
Rien ne paraît, rien n'est distinct, matériel ;
C'est un duel secret entre l'homme et le ciel,

Où les coups tombent tous sur le même adversaire,
Qui, vaincu, gravit seul et muet son calvaire !

Que le sort de ce lac, ému quelques instants,
Puis reprenant si vite et sa joie et ses chants,
Diffère du destin de toute créature !
Quand les rides des eaux creusent sa face pure,
Un rayon les enlève, alors que, chaque jour
Fixe plus fortement, imprime sans retour,
Celles dont les sillons labourant un visage,
D'ineffaçables plis le marquent avant l'âge !

Enfin naît l'heure sombre où, les rides au front,
L'homme cherche pourquoi lui seul subit l'affront
De conserver l'empreinte et les traces durables
Des maux qu'il a soufforts, — stigmates implacables,
Incrustés dans sa chair et gravés sur ses traits, —
Quand rien autour de lui ne se souvient jamais,
Quand l'univers en fête, étalant sa richesse,
Insulte à sa misère et rit de sa détresse !

Mais le Maître ignoré, pour tous nos maux latents,
Ne se contente pas de signes apparents !
Il veut aussi que l'âme ait une cicatrice,
Fleur rouge aux noirs pistils, dont le sanglant calice
Ne se ferme jamais ! Le terrible venin
Que sa tige distille, au fond du cœur humain
Verse à flots ses poisons. Ils réveillent les fièvres
En nos corps épuisés, et mettent sur nos lèvres
L'amertume et le fiel, qu'il nous faut absorber
Jusqu'à l'heure où la Mort daigne nous délivrer !...

Mystérieux contraste ! Eternelle antithèse !
Dont l'énigme sans mot sur l'humanité pèse,
Comme un fardeau trop lourd, invisible et présent,
Qui ferait tout fléchir sous son poids écrasant !
Cette loi sans pitié, c'est la loi de la terre.
Nos aïeux, avant nous, sans percer le mystère,
Ont demandé pendant d'incalculables jours
Pourquoi, seuls, nous devons nous souvenir toujours !

Ainsi que ces grands morts, sans que le voile tombe
Ni s'entr'ouvre un instant, nous irons vers la tombe.
Car rien dans le passé, le présent, l'avenir,
N'annonce un sort moins dur pour la race à venir.
Rien ne surgit aux cieux, nulle lueur nouvelle
N'éclaire l'horizon d'une clarté plus belle,
Et, pas plus qu'autrefois, aujourd'hui ni demain
Ne sauront le secret du long martyre humain !...

Villa Close, juillet-août 1898.

TABLE

—

10...

Achevé d'imprimer
Le trente mars mil neuf cent trois
PAR
FRÉDÉRIC EMPAYTAZ
A VENDOME